地铁施工运营环境
安全评估与防护关键技术

居尚威　朱崇熙　李雄威　刘　涛　王月中　著

化学工业出版社

·北京·

内容简介

本书共六章：第 1 章主要介绍本书所研究课题的国内外研究现状；第 2 章对土体本构模型作了简单的介绍和总结，同时重点介绍了近年来地铁施工项目多采用的土体小应变本构模型；第 3 章详细介绍了土体小应变本构模型参数的室内试验方法及试验结果；第 4 章分析地铁盾构隧道下穿高铁梁桥对桥墩的影响；第 5 章研究复杂群基坑开挖对地铁及周边环境的影响；第 6 章总结归纳了本书的研究内容和成果，并对后面的研究内容进行了展望。

地铁施工运营环境安全评估与防护会受到施工工况、地质条件、地下水等众多因素影响，不同的环境下所呈现的结果往往各不相同，因此本书的研究内容难免有一定的局限性。

本书适用于从事地铁工程设计、施工、运营、管理的人员，为地铁工程施工运营中可能出现的工程风险管控及安全性评定提供一定的参考；同时本书适用于从事地下工程研究的科研人员，书中的室内土工试验、数值计算和安全性评价研究成果可供从事类似研究的人员借鉴。

图书在版编目（CIP）数据

地铁施工运营环境安全评估与防护关键技术 / 居尚威等著. -- 北京：化学工业出版社，2025. 8. -- ISBN 978-7-122-48483-3

Ⅰ．U231.3

中国国家版本馆 CIP 数据核字第 2025FX4741 号

责任编辑：李仙华　　　　　　　　　　　　加工编辑：郝　悦
责任校对：宋　夏　　　　　　　　　　　　装帧设计：张　辉

出版发行：化学工业出版社（北京市东城区青年湖南街 13 号　邮政编码 100011）
印　　装：北京科印技术咨询服务有限公司数码印刷分部
710mm×1000mm　1/16　印张 8½　字数 140 千字　2025 年 9 月北京第 1 版第 1 次印刷

购书咨询：010-64518888　　　　　　　　　售后服务：010-64518899
网　　址：http://www.cip.com.cn
凡购买本书，如有缺损质量问题，本社销售中心负责调换。

定　　价：50.00 元

前言

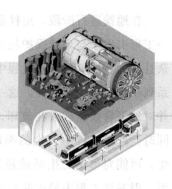

自 1965 年北京建成我国第一条地铁以来，我国城市轨道交通经历了从无到有、从单一线路到网络化运营的跨越式发展。截至 2025 年，我国内地已有 50 余座城市开通地铁，运营总里程突破 1 万公里，稳居全球首位。地铁作为高效、低碳的公共交通方式，已成为缓解城市交通压力、优化空间布局的核心载体。

如此大规模的建设，带来的不仅仅是轨道交通建设的机遇，也意味着地铁工程安全面临着巨大的挑战。这种挑战一方面体现在地铁工程本身的复杂程度和难度上，另一方面表现在地铁车站施工和隧道施工对周围建筑物以及土层中埋设的构筑物的影响上。由地铁施工引起的房屋塌陷、管线破坏等事故时有发生，给城市的正常运行造成极大的危害。

地铁工程的建设主要包括地铁车站的建设和隧道的施工，而地铁工程的危害防治主要由两方面组成：一方面是地铁车站基坑和隧道在施工过程中对周边环境的影响；另一方面则是周边环境变化对既有运行中的地铁车站和隧道的影响。本书的主要研究内容包括：地铁盾构隧道下穿高铁梁桥对桥墩的影响分析；复杂群基坑开挖对地铁及周边环境影响研究。

在地铁施工阶段，地铁隧道施工多采用盾构法施工，而盾构法施工经过 200 多年的发展由当初的手掘式盾构发展到如今的机械盾构，盾构法施工越来越机械化、越来越成熟，同时对周围土体的扰动也越来越小。但是针对要求较高的建筑，如高层建筑、桥梁等结构，小的扰动也可能带来大的安全隐患。受地铁与地下工程建设的特点和水文、地质等多方面不确定性因素的影响，地铁与地下工程的建设不可避免地存在许多工程建设风险。本书研究的是地铁盾构隧道下穿梁桥施工对桥墩的影响，为保证桥墩的变形在安全值之内，保证桥梁正常使用时的安全，研究盾构法施工引起的地表变形规律以及下穿施工对桥墩的影响十分重要，所获得的成果对后来的类似工程有着重要的参考和指导意义。

在地铁运行阶段，地铁沿线的建设过程中，复杂的群基坑开挖难以避免，这一工程引发了与环境保护相关的重要问题。群基坑开挖与周边环境之间的关系复杂且深远。群基坑开挖过程中，其对周边环境的影响既具有负面效应，又带来一系列积极影响。一方面，这一开挖过程可能导致地下水位下降，引发地面沉降，并对地下管线造成潜在破坏，构成对周围自然环境、土壤和水资源的潜在威胁。同时，开挖过程中产生的噪声、振动、粉尘等环境污染问题引发了社会广泛担忧，可能对市民的生活质量和健康状况产生长期的负面影响。然而，在另一方面，群基坑工程为城市的扩建提供了必要的地下空间，既有助于减缓地上空间的用地压力，也有助于缓解城市交通拥堵压力，从而减少了尾气排放和改善了空气质量。针对这种城市发展与环境保护之间需要精细平衡的挑战，需要深入的研究和科学的管理来解决。

常州作为长三角地区重要的工业与现代化城市，其地铁建设起步较晚，但发展迅速。2012 年《常州市城市轨道交通近期建设规划》获批，2019 年 9 月常州地铁 1 号线正式开通运营，标志着常州迈入"地铁时代"。目前，常州已建成 2 条地铁线路，总里程约 54 公里，日均客流量超 30 万人次，初步形成"十字形"骨架网络。

本书依托常州地铁 1、2 号线实际工程项目，开展一系列系统研究，采用资料调研、现场监测、室内试验和数值模拟计算等方法，分析盾构隧道施工在试验段对地表变形的影响、在下穿段对京沪高速铁路桥墩的影响以及地铁周边群基坑开挖顺序对地铁及周边环境的影响。

本书的研究意义不仅在于深化对地铁工程与周边环境之间关系的理解，更在于凸显优化施工工艺对周边环境的积极影响。通过合理设计开挖顺序，优化保护措施及方案，有望在降低工程对周边自然环境的负面影响的同时，最大限度地发挥其积极作用，为城市规划者、环境保护机构和工程师提供实用建议，朝着更为环保和可持续的城市发展方向迈进。通过科学的管理策略和优化方案，可以实现在城市基础设施建设中取得平衡，在满足城市交通需求的同时最大限度地降低环境影响。不仅拓展了人们对地铁工程的认知，还为解决城市发展与环境保护之间的平衡问题提供了新的视角。期望研究的成果能够为解决类似城市基础设施建设中的环境问题提供实质性的支持，为创造更健康、更可持续的城市生活环境做出积极贡献。

本书由江苏城乡建设职业学院居尚威、山东省临沂市临沭县住房和城乡建设局朱崇熙、常州工程职业技术学院李雄威、江苏常州地质工程勘测院有限公司刘涛、铜陵有色铜冠房地产集团有限公司王月中著。

　　由于时间紧，工作量大，书中难免会出现不足之处，恳请读者批评指正。

著者

2025 年 5 月

目录

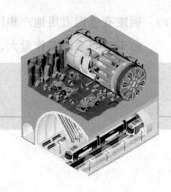

第1章

绪论

1.1 隧道施工对周边环境变形影响研究现状

目前城市地铁隧道施工中广泛地采用矿山法和盾构法施工，施工过程中不可避免地会引起土体的变形，如图 1-1 所示。引起土体变形的原因主要包括：隧道开挖面前方土体变形；开挖面土体径向变形，矿山法初期支护不及时，盾构法的

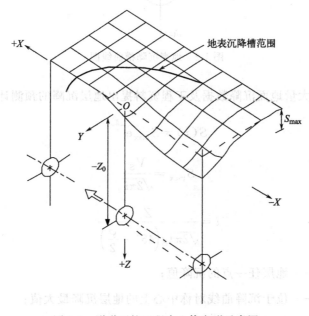

图 1-1　隧道开挖工程中土体变形示意图

超挖、欠挖等；地面荷载作用下永久支护的变形。

对于盾构隧道工程，在盾构掘进过程中，盾构机会对隧道周边的土体产生扰动，从而引起地层变形，能准确地预测盾构开挖引起的地层变形对工程来说有着重要的意义。国内外有很多学者对其开挖引起地层变形的规律做了大量的研究，提出了许多种预测方法，包括经验公式法、理论分析法、室内模型试验法以及数值模拟法。

（1）经验公式法

Peck 在 1969 年最早提出了经验公式，他通过大量的工程资料及地面沉降数据，提出了隧道开挖引起地面变形的地表沉降槽呈近似正态分布规律，如图 1-2 所示，并给出了估算地面沉降的计算公式，这是研究隧道盾构施工引起的地层变形最为经典、广泛的经验公式。

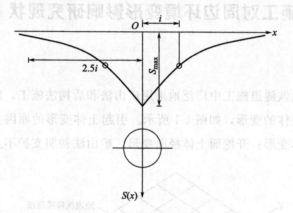

图 1-2　地表沉降槽曲线图

Peck 根据大量地面沉降数据及工程资料提出地层沉降的预测计算公式：

$$S(x) = S_{\max} e^{-\frac{x^2}{2i^2}} \tag{1-1}$$

$$S_{\max} = \frac{V_{\mathrm{S}}}{\sqrt{2\pi} i} \tag{1-2}$$

$$i = \frac{Z}{\sqrt{2\pi} \, \mathrm{tg}\left(45° - \frac{\varphi}{2}\right)} \tag{1-3}$$

式中　　$S(x)$——地层任一点的沉降值；

　　　　$S_{\max}$——位于沉降曲线对称中心上的地层沉降最大值；

　　　　x——从计算点到沉降曲线对称中心的距离；

i——沉降槽宽度系数；

V_S——隧道地表沉降槽的体积；

Z——地面至隧道中心的深度；

φ——土层的加权平均内摩擦角。

Attewell 等学者在 1974 年用正态分布函数表示隧道施工引起的地表沉降槽的研究中，经过数据分析，给出了沉降槽宽度系数 i 的经验公式。

对于在软黏土中盾构开挖，英国著名学者 Clough 和 Schimidt 在 1981 年提到，沉降槽宽度系数 i，与隧道的所在深度以及半径有关。

国内学者刘建航等在 1991 年在学者 Attewell 提出的地表沉降槽曲线的基础上，结合上海地区软土的隧道地层分布规律，给出了自己的观点，认为地层的损失由两部分构成：一是开挖面前的地层损失，二是开挖面后的地层损失。在考虑注浆不足以及其他施工原因的基础上，提出了纵向沉降量的公式：

$$S(y) = \frac{V_{l1}}{\sqrt{2\pi i}}\left[\varphi\left(\frac{y-y_i}{i}\right) - \varphi\left(\frac{y-y_f}{i}\right)\right] + \frac{V_{l2}}{\sqrt{2\pi i}}\left[\varphi\left(\frac{y-y_i}{i}\right) - \varphi\left(\frac{y-y_f}{i}\right)\right]$$

(1-4)

式中　$S(y)$——纵向沉降量，负值为隆起量，正值为沉降量；

V_{l1}——盾构开挖面的地层损失；

V_{l2}——盾构改变推进方向的地层损失；

y——坐标轴原点至沉降点的距离；

y_i——坐标原点至盾构推进起始点的距离；

y_f——坐标轴原点距盾构开挖面的距离。

（2）理论分析法

经验公式法大多依据工程实践，缺少理论基础。后来国内外的学者在大量假设的前提下，提出了多种地面沉降规律。

Sagaseta 在 1987 年对盾构施工引起地层土体位移进行研究时，有效解决了各向同性的弹性均质土体发生应变的问题，且得到了盾构施工引起的三维地面变形计算公式。

1996 年，Verruijt 对 Sagaseta 关于盾构施工对地表变形计算的解法进行了修正，认为隧道变形主要是隧道表面土体的等量径向位移和长期的隧道椭圆化变形，并得到垂直向与水平向的理论计算公式。

Loganathan 在 2001 年提出了有关地层损失计算的等效模型，并运用地层损失的间隙参数改进了解析解，也得到了计算土体位移的解析公式。

国内众多学者也在前人的基础上进行了有意义的探索，推导出土层变形计算公式。

姜忻良等利用数值积分的方法在 Sagaseta 提出的方法的基础上，得到了盾尾注浆后土体的位移分布结果，然后将其结果与现场监测值进行了对比，来判断该方法的准确性。

施成华依据随机介质理论，得到了盾构施工引起的地层变形的计算公式，并与实际工程数据进行了对比，结果表明二者吻合较好。

朱肿隆等在预测盾构法隧道地面变形时，把土体移动假设成一个随机过程，借用柯尔莫哥洛夫微分方程来计算地面变形。

理论分析法很难考虑三维效应，且理论分析法是在大量假设的前提下，缺乏准确性。

（3）室内模型试验法

室内模型试验法主要是在试验室中，通过相似的模拟试验和离心机模拟试验，得出了一些较为实用的结论和公式。

Lee 和 Rowe 等利用离心试验研究了在黏土地基中，单行和双行隧道施工对周围土体变形影响的情况。

刘庆舒为了能够得到深圳地铁隧道区间标准断面地表沉降预测值，运用离心模型试验来模拟工程实际情况。

虽然模拟试验有很多的优点，比如可以确定复杂因素下地层变形的规律，且试验周期短，结果清晰，但最大的不足之处在于不具备普遍性，经常是针对单一、特定的工程项目，所以其适用性就受到了限制。

（4）数值模拟法

由于经验公式法、理论分析法及室内模型试验法在实际工程应用中存在一定的缺陷，并不能考虑方方面面。数值模拟法能够在不同的地质环境、不同的施工情况和施工进程中的参数控制方面进行模型的分析计算，因此这种方法受到国内外众多学者的青睐，得到越来越广泛的应用。

Finno 与 Clough 在二维平面上模拟盾构开挖在横纵两个方向的地表变形情况。这种方法不仅可以确定变形的范围，而且可以模拟范围内土体后来的固结情况。

丁春林通过有限元分析研究了地铁二号线越秀公园—三元里区间盾构隧道应力释放对隧道变形和围岩以及地面变形的影响。

廖少明等应用 Mindlin 弹性解对盾构近距离施工穿越已建建筑进行了模拟分

析，通过边界元理论计算，给出盾构推进时地面任意位置的竖向位移情况，得出一些有意义的图表和结论，用来指导实际施工。

于宁通过二维有限元数值模拟盾构隧道开挖对地表建筑物的影响，结果表明，地上建筑物与隧道之间可能产生相互影响。

Mroueh H 通过三维有限元数值计算方法，分别研究了隧道盾构施工影响下地表有无建筑物和盾构掘进方向与建筑物不同夹角情况下地表变形的情况。

1.2　盾构隧道下穿对桥墩变形影响研究现状

钟山通过有限元软件 ANSYS 模拟计算了盾构隧道近距离侧穿老式砖拱桥对其桥墩位移和受力的影响，根据计算结果对沉降原因进行分析并给出了建议措施。

李宁等研究了团城湖—第九水厂输水区间隧道近距离下穿肖家河桥对桥墩的影响，通过现场监测数据，分析了桥墩前期注浆加固工序以及盾构施工工序对既有桥墩变形的影响。

侯剑锋采用经验公式及有限元模拟计算对上海北京西路—华夏西路电力电缆区间隧道下穿高架桥墩的影响进行了分析，通过分析结果来保证下穿高架桥时的工程安全。

唐黎明以宁波市轨道交通 4 号线金达路站—钱湖大道站区间隧道下穿杭深线、北环线鄞州区特大桥工程为依托，运用有限元软件研究了桥墩变形随施工工况的变化规律，得到了桥墩横桥向、顺桥向及垂向位移，然后分析了结果，进行了安全评估。

1.3　基坑工程开挖对周边环境的影响研究现状

关于基坑工程的研究我国起步较晚，早在 1969 年，国外学者 Peck 就基于实际工程的监测数据，提出了挡土墙后的地表沉降曲线，并归纳总结了不同土质的基坑沉降影响范围。Ou 根据基坑有无内支撑，将基坑工程导致的周围地表沉降分为两种模式，如图 1-3 所示。

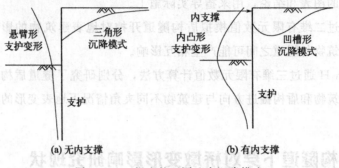

图 1-3   Ou 提出的不同地表沉降模式

Hsieh 根据 Ou 的研究结果进一步提出了地表沉降的主次要影响区，如图 1-4 所示。其结果表明基坑工程对周围地表沉降的最大影响范围为 4 倍的基坑开挖深度，主要影响区为 2 倍的基坑开挖深度。

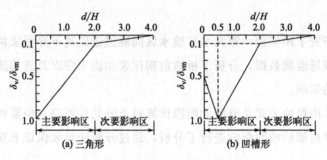

图 1-4   地表沉降影响区

Song 等通过对实际深基坑工程的长期现场位移监测，根据位移的时空变化规律研究了深基坑开挖过程中的变形特征，结果表明：基坑开挖主要影响相邻管廊的沉降变形，其变形在土方开挖初期迅速增大。此外，基坑开挖对周边环境的影响随着离开挖区域距离的增大而减小。

Liu 等统计了南京地区 24 个基坑周围的地表沉降数据，探讨了软土厚度对基坑变形的影响。结果显示南京地区基坑周围地表沉降最大平均值为 H 的 0.38%（H 为基坑开挖深度），最大沉降发生在 0.48H。地表沉降最大影响范围约为 3.5H，支护结构平均最大水平位移为 H 的 0.23%。

Feng 等提出了一种将层次分析法与有限元法相结合的方法来分析基坑工程施工对周围环境的影响。结果表明：基坑开挖深度和基坑与周围既有构筑物的距离是影响基坑开挖变形的主要因素。

Li 等对某 40m 深的大型基坑工程进行了数值模拟，并通过现场试验数据验证了数值模型的可靠性。通过改变模型参数分析了不同参数对基坑变形的影响，结果表明：超深基坑的变形特征不同于常规基坑，超深开挖对周围土体的影响范围较小，且最大地面沉降点更靠近基坑。

Yang 等利用 Midas GTS NX 计算软件模拟了某软土地基地区地铁车站附近的深基坑施工过程，研究了深基坑施工对地铁车站结构变形和应力的影响。结果表明：在基坑开挖过程中，地铁车站受公共地下连续墙变形影响较大，且最不利位置随着开挖面积的变化而变化。

秦胜伍等利用有限元软件进行了基坑开挖和内支撑拆除过程的模拟分析，研究了其对周围环境的影响。结果显示，基坑底部土体开挖和底部支撑拆除阶段是主要的变形发展阶段，这两个过程对基坑变形的影响呈现一致性。

吴红斌等利用有限元软件研究了基坑开挖对邻近地铁隧道变形及地表沉降的影响。通过比较计算数据与实际监测数据，发现隧道变形及地表沉降的最大值都出现在基坑开挖至坑底阶段，特别是靠近基坑的一侧轨道受影响更为显著。

马凯伦等基于实际双基坑工程，利用 Midas GTS NX 计算软件进行了模拟研究，探讨了双侧紧贴地铁车站的基坑工程对车站变形的影响。研究结果显示，地铁车站的水平变形主要受基坑降水影响较大，而竖直变形则更受基坑土体卸载的影响。

魏纲等根据杭州某地铁邻近深基坑工程的现场监测数据，对地铁隧道因工程影响而引起的位移和收敛规律进行了整理和分析。在此基础上，提出了对隧道水平位移进行预测的经验公式。

林杭等利用有限元软件 FLAC3D 模拟了基坑在不同长度、宽度和与隧道的相对位置情况下对隧道位移的影响。通过分析不同参数条件下的隧道变形规律，得出了基坑对邻近隧道变形影响范围的临界线函数。

张治国等考虑到基坑开挖引起的坑底及周围土体同时卸载的影响，采用 Galerkin 方法将基于 Winkler 地基模型建立的变形影响的基本微分方程转化为一维有限元方程进行计算。在此基础上，提出了基坑开挖对地铁隧道纵向变形影响的两阶段分析法。

散骞骞等利用有限元软件 PLAXIS 3D 研究了不同因素对地铁隧道管片变形的影响规律。研究结果显示，基坑与隧道的距离对管片变形的影响最为显著，其次是管片厚度，而基坑开挖深度对管片变形的影响最小。

从这些学者的研究中可以得知，基坑开挖过程中涉及多个学科的交叉影响，

包括土力学、结构工程和地质学等。通过运用现场监测、实验研究和数值模拟等
多种方法，研究者们深入剖析了基坑开挖所引发的周围土体变形，建筑物沉降、
振动以及结构损伤等复杂现象，为工程实践提供了重要的指导。然而，伴随着城
市化和建筑业的持续发展，基坑工程面临着日益复杂的挑战，需要更高水平的技
术和方法来有效应对，以更全面地理解和有效管理基坑开挖给周围环境带来的风
险。这将需要不断提高数值模拟的精度，应用高精度的监测技术，并开发更有效
的风险评估方法。

1.4 群基坑工程开挖对周边环境影响研究现状

随着我国城市化进程的不断加快，城市用地愈发紧张，超高层建筑及大规模
的地下空间建设工程必将越来越多，基坑工程的规模也势必朝着"大、深"的复
杂方向发展，群基坑工程应运而生。相较于传统的单基坑工程，群基坑工程存在
着更为复杂的相互作用，使得基坑的变形行为难以预测和分析。现有的学者进行
的多数研究仅针对单基坑开挖展开，关于群基坑工程领域的研究仍需继续开展。

Chen 等采用监测系统对某基坑群在开挖过程中的变形特征及相邻基坑之间
的相互作用进行了监测，对围护桩侧向变形、地表沉降及竖向柱位移等数据进行
了分析，结果表明：邻近基坑的开挖减少了围护结构的侧向变形，后期开挖的基
坑引起了两者之间的土体向上隆起，而较早开挖的基坑对较晚开挖的基坑竖向柱
位移的影响可以忽略不计。

Chen 等提出了一种新型施工方法——分段交替开挖法。通过建造若干分隔
墙将上覆基坑划分为独立的基坑，在施工过程中，同时间隔着开挖几个小基坑，
其他基坑的剩余土可以抵抗下卧隧道的隆起。当已开挖基坑的地下构筑物建造完
成之后，在其顶板上回填土，以减少现有隧道的回弹，然后再建造剩余的基坑。
该施工方法对群基坑开挖具有良好的指导意义。

Cui 等针对基坑群间施工方案难以协调的问题，研究了 4 种不同开挖方案对
既有主体结构的影响。结果表明：覆盖开挖区两侧基坑的不同步开挖引起钢管结
构的附加变形，顺序开挖对钢管柱的附加变形影响最大，交错开挖次之，同时开
挖影响最小；且开挖深度越大，距离基坑越近，钢管柱变形越明显。

Li 等针对某实际紧邻运营地铁站和火车站的群基坑工程，提出了该类群基

坑的合理施工顺序及加固措施。通过大量现场资料对施工工艺进行了验证，为相似工程案例提供了参考。

You 等基于南京某复杂群基坑开挖过程，利用有限元数值模拟法分析了复杂深基坑群开挖支护施工全过程中支护结构的变形特征及基坑间的耦合效应。同时，研究了基坑群不同施工时序方案下支护结构变形特征及耦合效应的差异。

Zhao 等以不同断面开挖的复杂深基坑为研究对象，介绍了该复杂基坑工程的支护结构。利用 MIDAS/GTS 软件建立有限元模型，评估基坑不同断面开挖对隧道变形的影响，并通过对比监测数据验证有限元计算结果的准确性。结果表明：地铁隧道的水平变形一般小于垂直变形。

徐松等利用有限元软件 PLAXIS 3D 针对不同的开挖顺序对基坑自身结构及周围地表沉降变化的影响进行了分析。研究结果显示，地下连续墙的变形程度受不同的开挖顺序影响较为显著，其中从中间向两侧开挖的施工顺序对地下连续墙的变形影响最小。

卫军等利用 Midas GTS NX 计算软件对某基坑群工程在四种不同的开挖顺序下对周围环境的影响进行了模拟分析，主要关注下卧隧道的竖向位移及周边地表沉降。研究结果表明，采用三组对称式分布并采用间隔式的开挖顺序可以有效降低基坑群对周围环境的影响。

周钊等依托上海某大型基坑群工程，结合有限元模拟结果与现场监测数据，针对基坑群开挖对紧邻隧道的影响进行了研究。研究着重探究了不同因素对隧道变形的影响程度。结果显示，不同的基坑群开挖顺序对邻近隧道的变形产生了较大的差异性，因此合理的开挖顺序可以有效地控制隧道的变形。

李更召等以天津某群基坑工程为研究对象，模拟了邻近群基坑的地铁隧道在三种不同群基坑开挖方式下的变形特征。研究结果显示，不同的开挖方式会导致基坑应力场的差异，进而影响隧道及车站的力学响应。采用由远及近及间隔开挖的方式可以逐步释放土体应力，减小其对地铁隧道变形的影响。

顾正瑞等以上海某群基坑工程为研究背景，利用有限元软件进行了三维建模分析，探究了不同缓冲区宽度对同步开挖基坑群变形的影响规律。研究结果表明，在实际工程中，合理的缓冲区设计宽度应大于两倍基坑开挖深度。

秦善良等基于某大规模共墙群基坑工程，对不同开挖顺序下的共用围护结构位移及地表沉降规律进行了研究。结果表明，在共墙群基坑开挖过程中，优先开挖宽度及卸载量较小的一侧基坑对变形影响较小。

黄沛等整理并分析了某群基坑工程开挖对周围地下管线造成变形的监测数

据。结果显示，管线的沉降在群基坑分坑开挖的情况下表现出明显的叠加效应，且随着距基坑距离的增大，管线的沉降量逐渐减小。

张麒等以控制某两侧分布基坑的地铁结构变形为指标，同时兼顾工程成本与工期，提出了实际工程中合理的分仓思路。这为邻近地铁的基坑群施工工艺提供了重要的思路和参考。

周志健等考虑到群基坑开挖过程中降水工序可能对附近地铁造成沉降变形的影响，采取了多种合理措施。这些措施有效地控制了地铁的沉降变形。

以上的研究成果表明，群基坑开挖可能导致土体变形，建筑物沉降、倾斜、振动等多种复杂效应。在未来的研究中，应致力于提高数值模拟的准确性，开发更先进的监测技术，以及深化相互作用效应的研究。这将有助于更全面地、有效地控制群基坑开挖对周边环境的影响，确保城市基础设施的安全性和可持续性。

第2章

土体本构模型

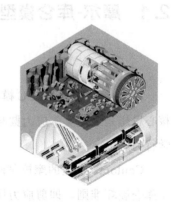

　　土是一种复杂的多孔材料，在受到外部荷载作用后，其变形具有非线性、流变性、各向异性、剪胀性等特点。为了更好地描述土体的真实力学特性——变形特性，建立其应力、应变和时间的关系，在各种试验和工程实践经验的基础上提出一种数学模型，即土体的本构模型。

　　早期的土力学中的变形计算主要是基于线弹性理论的。在线弹性模型中，只需两个材料常数即可描述其应力-应变关系，即 E（弹性模量）和 ν（泊松比）或 K（体积模量）和 G（剪切模量）或 λ（拉梅常数）和 μ（拉梅常数）。其中邓肯-张双曲线模型是研究最多、应用最广的非线弹性模型。20世纪50年代末至60年代初，土塑性力学的发展为土体本构模型的研究开辟了一条新的道路。Drucker等（1957年）提出在 Mohr-Coulomb 锥形屈服面上再加一组帽形屈服面，Roscoe 等（1958年至1963年）建立了第一个土体本构模型——剑桥模型，标志着土体本构模型研究新阶段的开始。20世纪70年代到80年代，计算机技术的迅速发展推动了非线性力学理论、数值计算方法和土工试验的发展，为在岩土工程中进行非线性、非弹性数值分析提供了可能性，各国学者提出了上百种土的本构模型，包括考虑多重屈服面的弹塑性本构模型和考虑土的变形及内部应力调整的时间效应的黏弹塑性模型。

　　近年来，通过数值模拟软件进行三维仿真分析已经成为基坑工程领域解决问题的重要方法之一。常用的土体本构模型有摩尔-库仑模型（M-C模型）、邓肯-张模型（D-C模型）、土体硬化模型（HS模型）、修正剑桥模型（MCC模型）和土体小应变模型（HSS模型）等。

2.1　摩尔-库仑模型

摩尔-库仑模型（M-C 模型）是土力学中最经典的弹塑性本构模型之一，其核心思想是通过莫尔应力圆与库仑强度准则的结合，描述土体在剪切破坏时的力学行为。

Coulomb 在土的摩擦试验、压剪试验和三轴试验的基础上，于 1773 年提出了库仑破坏准则，即剪应力屈服准则，它认为当土体某平面上剪应力达到某一特定值时，就进入屈服。其准则方程形式一般为

$$\tau_n = f(c, \varphi, \sigma_n)$$

式中，c 为土的黏聚力；φ 为土的内摩擦角；σ_n 为屈服面上的正应力。

这个函数关系式通过试验确定。M-C 破坏准则条件为：$\tau_n = c + \sigma_n \tan\varphi$。

在平面上，M-C 破坏准则的屈服曲线表现为一个封闭的非正六边形。尽管该准则在岩土工程领域仍被广泛应用，且其预测结果与试验数据吻合较好，但存在两个显著的理论缺陷：当拉伸与压缩轴对称条件相等时，M-C 破坏准则退化为广义的 Tresca 准则，这种简化导致其在三维应力空间中形成的屈服面存在角点奇异性，给数值计算带来困难；该准则未能充分考虑中间主应力对材料屈服行为的影响，这可能导致理论预测与实际材料响应之间出现偏差。这些局限性促使学者在复杂应力状态下寻求更完善的强度理论模型。

2.2　土体硬化模型

土体硬化模型（HS 模型）是在研究土体复杂力学行为过程中逐渐发展起来的。在此之前，传统的土体本构模型如摩尔-库仑模型等，存在一定局限性，难以准确描述土体刚度随应力状态变化等特性。HS 模型的出现，旨在更好地考虑土体的应力-应变关系，以提高实际工程中土体力学行为的模拟精度。

HS 模型是一种各向同性硬化塑性模型。其基本特征是土体刚度与应力相

关。主要考虑了以下土体行为特性：

① 应力-应变关系的非线性：土体在不同的应力状态下，其刚度会发生变化，不像弹性模型那样具有固定的弹性模量，能更真实地反映土体在实际受力过程中的非线性行为。

② 区分加载和卸载刚度：土体在加载和卸载过程中表现出不同的刚度特性，HS 模型通过不同的参数来分别描述加载刚度（如三轴加载刚度 E_{50}、固结仪加载刚度 E_{oed} ）和卸载-再加载刚度 E_{ur}，能够合理地模拟土体在卸载和再加载过程中的变形特性。

③ 考虑土体的硬化特性：随着土体所受应力的增大，土体逐渐被压实，其强度和刚度也会相应提高，HS 模型通过引入硬化参数来描述这一特性，反映了土体在荷载作用下的力学性质变化。

2.3 土体小应变模型

土体小应变模型（HSS 模型）来源于土体硬化模型（HS 模型），在 HS 模型的基础上结合了土体小应变（small strain）特性。因此，HSS 模型既能描述土体硬化特性、土体加载和卸载下的变化以及应力历史和应力路径对土体刚度的影响等 HS 模型的特性，还考虑了土体剪切模量在小应变范围内随应变非线性衰减的特性。

大量的工程实践表明，在基坑开挖和隧道工程的施工过程中，施工地点周围只有少量的土体发生塑性变形，其他大部分土体应变都在 0.01％～0.1％之间，处于小应变状态。近年来，随着土力学理论和实践的快速发展，尤其是试验技术和设备的不断革新，土体在小应变条件下的变形特性慢慢能够被人们通过试验仪器较为精确地测试出来。基于在传统的室内和原位试验中使用高精度局部位移计而获得的数据，研究人员发现，土体在小应变的条件下，其刚度比常规试验中得到的变形模量要大得多，如图 2-1 所示。

HSS 模型共有 13 个参数，其中包含 11 个 HS 模型参数和 2 个小应变参数，各参数的具体物理意义及取值方法如表 2-1 所示。

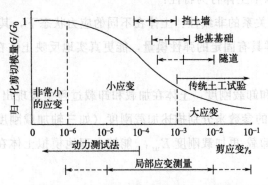

图 2-1　土体在不同环境下的模量-应变曲线

表 2-1　HSS 模型参数的具体物理意义及取值方法

参数类别	符号	物理意义	取值方法
强度参数	c'	有效黏聚力	三轴 CD 试验
	φ'	有效内摩擦角	
	ψ	剪胀角	
	R_f	破坏比	
刚度参数	P_{ref}	参考应力	标准固结试验
	$E_{50,ref}$	参考割线模量	
	$E_{oed,ref}$	参考固结切线模量	三轴 CD 试验
	$E_{ur,ref}$	参考加卸载模量	三轴 CD 加卸载试验
	ν_{ur}	加卸载泊松比	
	K_0	静止侧压力系数	应力路径三轴试验
	m	刚度应力水平相关幂指数	三轴 CD 试验
小应变参数	$\gamma_{0.7}$	割线剪切模量 $G_s = 0.7G_0$ 时对应的剪应变	共振柱试验
	G_0	初始剪切模量	

部分学者将 HSS 模型与其他土体本构模型的计算结果进行对比后发现，HSS 模型的计算结果确实更接近实测数据，表明 HSS 模型更适用于大型基坑工程的精细分析。但由于不同地区的土层组成成分不尽相同，略微的差异也会导致土层表现出不同的土体性质。对于 HSS 模型的刚度参数 $E_{oed,ref}$、$E_{50,ref}$ 和 $E_{ur,ref}$，常规的岩土勘察报告中只会测量土体的压缩模量，因此获取不同地区的 $E_{oed,ref}$、$E_{50,ref}$ 和 $E_{ur,ref}$ 参数是利用 HSS 模型合理预测的关键。国内外学者通过室内试验对不同地区的 HSS 模型刚度参数进行了测量，其部分结果如表 2-2 所示。

表 2-2　不同地区 HSS 模型刚度参数比例关系

数据来源	地点	土体名称	比例关系	
			$E_{50,ref} : E_{oed,ref}$	$E_{ur,ref} : E_{50,ref}$
周恩平	中国北京	粉土	1.3 : 1	2.5 : 1
		粉质黏土	1 : 1	4.6 : 1
宗露丹	中国上海	黏土	1.2 : 1	5.3 : 1
		淤泥质粉质黏土	1.2 : 1	6.2 : 1
		淤泥质黏土	1.4 : 1	5.4 : 1
		粉质黏土	1.3 : 1	6.5 : 1
Huang	中国上海	淤泥质黏土	2 : 1	4 : 1
		粉质黏土	2 : 1	3 : 1
刘畅	中国天津	粉质黏土	0.7 : 1	
		淤泥质黏土	0.7 : 1	
		黏土	1.1 : 1	
		粉质黏土	0.5 : 1	
林乔宇	中国厦门	含砂黏土	1.6 : 1	3.5 : 1
		含砂粉质黏土	1.6 : 1	4.6 : 1
Ng	英国	重黏土	3.5 : 1	3 : 1
Roboski	奥地利	湖积黏土	1 : 1	4 : 1
Surarak	泰国	软黏土	0.9 : 1	10 : 1
		硬黏土	0.8 : 1	3.2 : 1

由表 2-2 可知，早期国内关于 HSS 模型刚度参数的研究成果主要集中在上海地区，其他地区的成果较少。近年来，越来越多的学者开展了关于不同地区的 HSS 模型参数取值试验，为当地的基坑工程研究提供了重要的参考。

第3章

室内土工试验

　　本章选取常州地区典型土层土样开展相关室内土工试验，试验包括：三轴固结排水剪切试验、三轴固结排水加卸载试验、标准固结试验和共振柱试验。根据试验结果得到了常州地区粉质黏土、粉土、粉砂三种典型土层的土体小应变模型参数，为后续的数值模拟工作提供了良好的试验数据支持。

3.1　试验方法

　　大量工程实践数据表明，基坑工程周围土体实际荷载状态处于小应变状态，在该状态下，土体的刚度与应变呈现高度的非线性关系。研究表明土体小应变模型能够更为精确地反映土体变形状态，更适用于深基坑工程的精细研究。本章内容通过对常州地区典型土层土样开展相关室内土工试验，以获得土体小应变模型中的 $E_{50,ref}$、$E_{ur,ref}$、$E_{oed,ref}$、G_0 和 $\gamma_{0.7}$ 参数。试验总技术路线如图 3-1 所示。

3.1.1　标准三轴排水试验

　　通过标准三轴排水试验可以获取 HSS 模型参数 $E_{50,ref}$ 和 $E_{ur,ref}$。如图 3-2 所示，在 100kPa 参考围压下，$E_{50,ref}$ 主要反映的是土体的剪切硬化。$E_{ur,ref}$ 是标准三轴排水试验卸载-再加载时的模量，土体从比较高的应力状态卸载至零，然后再加载直至剪切破坏，此过程中可得出土体的卸载-再加载模量 $E_{ur,ref}$。当无试

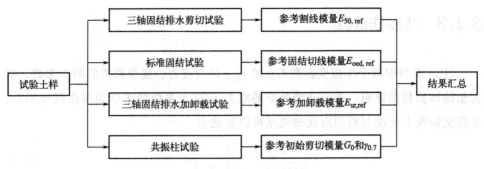

图 3-1　土工试验总技术路线图

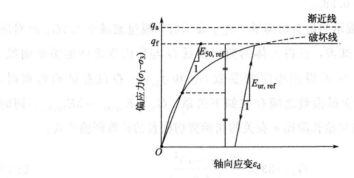

图 3-2　标准三轴排水试验中 $E_{50,ref}$ 和 $E_{ur,ref}$ 的定义

验数据时，PLAXIS 手册建议各变形模量之间存在如下关系：$E_{ur,ref} = 3E_{50,ref} \sim 5E_{50,ref}$。

3.1.2　标准固结试验

如图 3-3 所示，$E_{oed,ref}$ 为通过标准固结试验获得的 σ-ε 曲线在对应的参考围压下的切线模量。一般来说，岩土工程勘察报告中会有黏性土的压缩模量，但对砂土并不会提供其压缩模量，二者在压缩模量上的定义并不相同。相关文献中的试验结果表明：参考固结切线模量 $E_{oed,ref}$ 稍小于压缩模量。当无试验数据时，PLAXIS 手册建议各变形模量之间存在如下关系：$E_{oed,ref} \approx E_{50,ref}$。

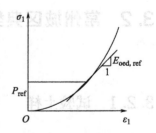

图 3-3　标准固结试验中 $E_{oed,ref}$ 的定义

3.1.3　共振柱试验

HSS 模型中两个小应变参数 G_0 和 $\gamma_{0.7}$ 是与应力、应变相关的两个参数，而大量的试验数据证明，小应变情况下的应力-应变关系曲线可以用双曲线来拟合。小应变情况下刚度与剪切应变的关系可以表述为

$$\frac{G_s}{G_0} = \frac{1}{1 + \alpha \left| \dfrac{\gamma}{\gamma_{0.7}} \right|} \tag{3-1}$$

式 (3-1) 中，$\alpha = 0.385$。

小应变参数 G_0 表示初始剪切模量，$\gamma_{0.7}$ 表示剪切模量衰减至 $0.7G_0$ 时对应的应变。通过共振柱试验，获得土体的剪切模量 G 与剪应变之间的关系曲线，再经过归一化处理，便可得到小应变参数 G_0 和 $\gamma_{0.7}$。在没有试验数据时，PLAXIS 手册建议各变形模量之间存在如下关系：$G_0 = E_{ur,ref} \sim 3E_{ur,ref}$。同时 Hardin 给出了一个与初始孔隙比 e 有关的初始剪切模量的计算经验公式：

$$G_0 = 33 \times \frac{(2.97 - e)^2}{1 + e} \tag{3-2}$$

$\gamma_{0.7}$ 可以通过下式估算：

$$\gamma_{0.7} \approx \frac{1}{9G_0} \left[2c'(1 + \cos 2\varphi') - \sigma'_1 (1 + K_0) \sin 2\varphi' \right] \tag{3-3}$$

式中，K_0 为静止侧压力系数；σ'_1 为大主应力。

3.2　常州城区典型土层室内试验

3.2.1　试验土样

试样采用江苏常州地区 3 种典型土层土样，如图 3-4 所示，土样的基本指标如表 3-1 所示。

图 3-4　试验土样

表 3-1　试验土样基本指标

土层序号	土层名称	含水率/%	天然重度/ (kN·m⁻³)	初始孔隙比	取土深度/m
③₂	粉质黏土	22.0	19.5	0.677	2.6~6.4
⑤₁	粉土	25.0	18.9	0.779	6.6~9.4
⑤₂	粉砂	19.8	20.4	0.577	10.1~12.9

3.2.2　试验过程

三轴固结排水剪切试验和加卸载试验采用英国 GDS 应力路径三轴仪。三轴固结排水剪切试验将每层土样分为三组，分别在初始有效围压为 100kPa、200kPa、300kPa 下完成固结排水剪切试验，得到三层土样的偏应力 q 与轴向应变的关系，从而获得参考割线模量 $E_{50,ref}$、破坏比 R_f 和土体强度参数 c'、φ'。每层土样均在初始有效围压 100kPa 下完成三轴固结排水加卸载试验。该试验采用应力控制，先加载到由固结排水剪切试验确定的峰值偏应力的一半，然后将偏应力卸载到 0，最后增大偏应力直到剪切破坏。根据三轴固结排水加卸载应力-应变曲线即可得到加卸载模量。

标准固结试验采用常规固结仪，每层土取两个土样分别放入固结仪中，在 12.5kPa、25kPa、50kPa、100kPa、200kPa、400kPa、800kPa 分级加载，每级加载时间为 24h，最后得到轴向荷载和应变的关系，并得到参考切线模量。

共振柱试验采用英国 GDS 公司 Stokoe 型共振柱，试验采用 ③₂、⑤₁ 和 ⑤₂ 三层土样，所对应取土深度的有效应力，分别取 45kPa、70kPa 和 90kPa，通过试验得到三层土样在相对应围压下的 G_0 和 $\gamma_{0.7}$，再换算得到参考应力下的初始剪切模量 $G_{0,\mathrm{ref}}$。将第⑤$_2$层土样继续在 200kPa 和 300kPa 下固结后，通过共振柱测定对应围压下的 G_0 值，联合三个有效围压下的 G_0 值，即可拟合得到应力幂指数 m。

3.2.3　试验结果

三轴固结排水剪切试验结果见图 3-5 和图 3-6，曲线分别为③$_2$层土样和⑤$_2$层土样在有效围压 100kPa 下的偏应力-轴向应变关系曲线。从图中可知③$_2$层和⑤$_2$层试样剪切初期偏应力均随着轴向应变的增大不断增大，当轴向应变增大至某一值时，偏应力达到峰值。③$_2$层粉质黏土试样在偏应力达到峰值后，随着轴向应变的继续增大，偏应力减小幅度很小，试样保持偏应力峰值直至试样破坏。⑤$_2$层粉砂试样在偏应力达到峰值后有明显的软化现象，偏应力减小幅度较大。取峰值偏应力作为破坏值 q_{f}，连接偏应力-轴向应变曲线的原点和偏应力为 $0.5q_{\mathrm{f}}$ 的点得到的直线斜率即为试样的参考割线模量。本次试验确定的三层土的割线模量依次为 5.5MPa、8.7MPa 和 14.2MPa。

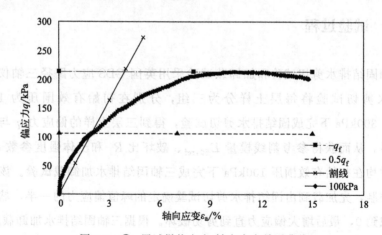

图 3-5　③$_2$层试样偏应力-轴向应变关系曲线

为获得各土层的有效内聚力 c' 和有效内摩擦角 φ'，又分别在 200kPa 和 300kPa 等向围压下完成各土层的三轴固结排水剪切试验，并得到三层土体的莫尔应力圆。图 3-7 是③$_2$层土的莫尔应力圆，三个围压下的莫尔应力圆切于同一条直线，有效内聚力 $c' = 6.7$kPa，有效内摩擦角 $\varphi' = 29.1°$。同理可得，其余两层土的有效抗剪强度指标为：⑤$_1$层 $c' = 11.7$kPa，$\varphi' = 39.4°$；⑤$_2$层 $c' = 12.5$kPa，$\varphi' = 41.4°$。

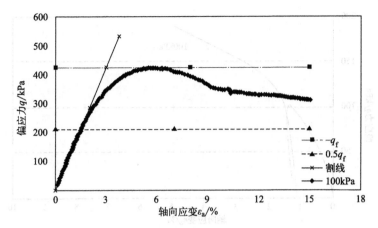

图 3-6　⑤₂ 层试样偏应力-轴向应变关系曲线

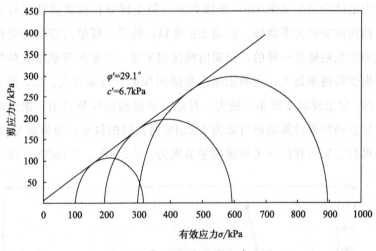

图 3-7　③₂ 层试样的莫尔应力圆

　　三轴固结排水加卸载试验结果见图 3-8，曲线是③₂ 层试样在围压 100kPa 下进行三轴固结排水加卸载试验的结果。加载初期曲线趋势与轴向应变控制的三轴固结排水剪切试验相同，在偏应力达到破坏值 q_f 的一半时开始卸载。由图 3-8 可见，卸载初期轴向应变略微增大，当卸载到一定程度时，轴向应变又减小，整体上表现为卸载回弹。在再加载的过程中，初期偏应力-轴向应变曲线非常陡，后期变得越来越缓。试验曲线在加卸载段有一个明显的滞回圈，连接滞回圈两个端点，该直线斜率即为参考加卸载模量。其余两层土样的偏应力-轴向应变曲线类似，最终确定三层土样的参考加卸载模量分别为：32.0MPa、48.0MPa 和 88.9MPa。

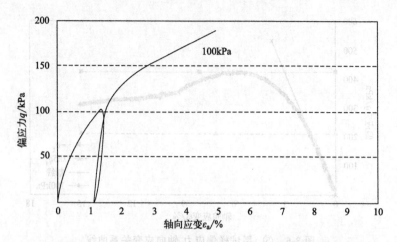

图 3-8　三轴固结排水加卸载试验偏应力-轴向应变曲线

标准固结试验结果见图 3-9，曲线为对三层土样进行标准固结试验得到的轴向荷载与轴向应变的关系曲线。由图 3-9 可知，各层土样轴向应变的变化趋势和轴向荷载的变化趋势是一样的，初期曲线比较平缓，当轴向荷载增大的同时，曲线的斜率也变得越来越大，表明土体模量随围压的升高而变大。⑤₂ 层土样的变形最小，③₂ 层土样的变形相对最大。对这三条试验曲线分别用二次函数进行拟合，根据拟合函数可计算轴向荷载为 100kPa 时曲线的斜率，即为参考切线模量。最终可以得到三层土样的参考切线模量依次为：4.8MPa、7.1MPa、12.9MPa。

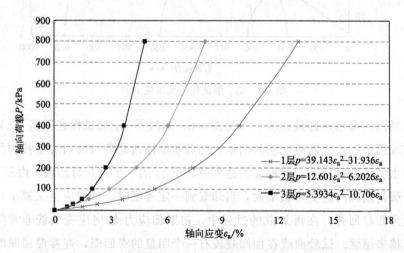

图 3-9　标准固结试验轴向荷载-轴向应变曲线图

共振柱试验结果见图 3-10，曲线给出了⑤₂ 层试样在 90kPa 有效围压下动剪切模量 G 与剪应变 γ 的关系。由图 3-11 可见，土样在小应变范围内具有明显的非线性。随着剪应变的不断增大，动剪切模量不断减小，而且衰减幅度也不断增大。当剪应变从 6.6×10^{-6} 增加到 3.8×10^{-4} 时，土体动剪切模量从 64.3MPa 衰减到 38.1MPa。根据 Hardin 和 Drnevich 等的分析，G-γ 曲线可用双曲线模型描述，即 $1/G = a + b\gamma$，其中 a、b 为常数，可基于试验数据通过回归统计分析确定。当 γ 趋向于 0 时，$1/G$ 趋向于 a，此时 G 为初始动剪切模量或最大动剪切模量，通常用 G_0 来表示，即 $G_0 = 1/a$。

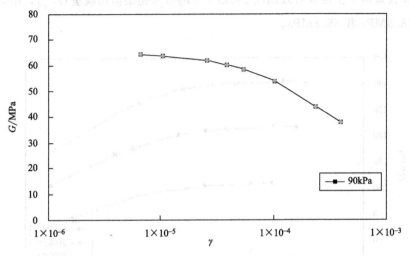

图 3-10　⑤$_2$ 层试样动剪切模量-剪应变曲线示意图

图 3-11 显示⑤$_2$ 层试样归一化后的模量退化曲线。根据定义，割线剪切模量衰减到初始剪切模量的 70% 时所对应的剪应变为 $\gamma_{0.7}$。经分析三层土样的 $\gamma_{0.7}$

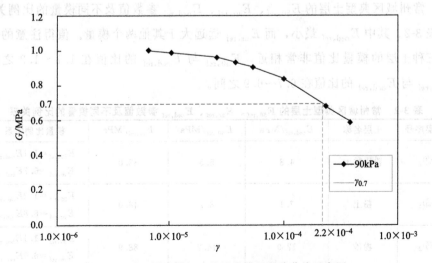

图 3-11　⑤$_2$ 层试样归一化后的模量退化曲线示意图

分别为：4.0×10^{-4}、1.9×10^{-4}、2.2×10^{-4}。

⑤$_2$层土样在有效围压 90kPa、200kPa、300kPa 下的动剪切模量与剪应变的关系见图 3-12。根据双曲线模型公式进行拟合，可得到⑤$_2$层土的初始动剪切模量分别为：64.5MPa、107.5MPa、142.8MPa。利用公式 $G_0 = G_{0,\mathrm{ref}} \left(\dfrac{c' \cos\varphi' + \sigma'_3 \sin\varphi'}{c' \cos\varphi' + P_{\mathrm{ref}} \sin\varphi'} \right)^m$ 可求得 $m = 0.72$，$G_{0,\mathrm{ref}} = 68.9$MPa。根据得到的 m 值计算其余两个土层在有效围压 100kPa 下的参考初始剪切模量 $G_{0,\mathrm{ref}}$，结果分别为：28.8MPa 和 66.8MPa。

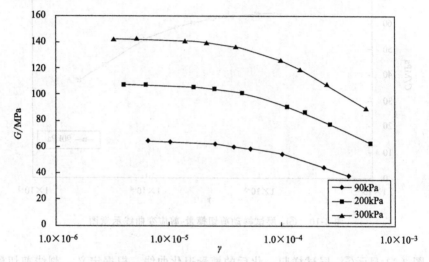

图 3-12　⑤$_2$ 层试样在不同有效围压下动剪切模量与剪应变的关系示意图

常州城区典型土层的 $E_{50,\mathrm{ref}}$、$E_{\mathrm{ur,ref}}$、$E_{\mathrm{oed,ref}}$ 参数值及不同模量的比例关系见表 3-2。其中 $E_{\mathrm{oed,ref}}$ 最小，而 $E_{\mathrm{ur,ref}}$ 远远大于其他两个模量。值得注意的是，这三种土层的模量比值非常相近，$E_{50,\mathrm{ref}}$ 与 $E_{\mathrm{oed,ref}}$ 的比值在 1.1～1.2 之间，$E_{\mathrm{ur,ref}}$ 与 $E_{\mathrm{oed,ref}}$ 的比值在 6.7～6.9 之间。

表 3-2　常州城区典型土层的 $E_{50,\mathrm{ref}}$、$E_{\mathrm{ur,ref}}$、$E_{\mathrm{oed,ref}}$ 参数值及不同模量的比例关系

土层序号	土层名称	$E_{\mathrm{oed,ref}}$/MPa	$E_{50,\mathrm{ref}}$/MPa	$E_{\mathrm{ur,ref}}$/MPa	模量比例关系
③$_2$	粉质黏土	4.8	5.5	32.0	$E_{50,\mathrm{ref}} = 1.1 E_{\mathrm{oed,ref}}$ $E_{\mathrm{ur,ref}} = 6.7 E_{\mathrm{oed,ref}}$
⑤$_1$	粉土	7.1	8.7	48.0	$E_{50,\mathrm{ref}} = 1.2 E_{\mathrm{oed,ref}}$ $E_{\mathrm{ur,ref}} = 6.8 E_{\mathrm{oed,ref}}$
⑤$_2$	粉砂	12.9	14.2	88.9	$E_{50,\mathrm{ref}} = 1.1 E_{\mathrm{oed,ref}}$ $E_{\mathrm{ur,ref}} = 6.9 E_{\mathrm{oed,ref}}$

通过三轴固结排水剪切试验、三轴固结排水加卸载试验、标准固结试验和共振柱试验，获得了常州城区典型土层 HSS 模型的 9 个参数：c'、φ'、P_{ref}、$E_{50,ref}$、$E_{ur,ref}$、$E_{oed,ref}$、R_f、$G_{0,ref}$ 和 $\gamma_{0.7}$（如表 3-3 所示）。

表 3-3 HSS 模型参数汇总

土层序号	c' /kPa	φ'/(°)	P_{ref} /kPa	$G_{0,ref}$ /MPa	$E_{oed,ref}$ /MPa	$E_{50,ref}$ /MPa	$E_{ur,ref}$ /MPa	R_f	$\gamma_{0.7}$
③₂	6.7	29.1	100	28.8	4.8	5.5	32.0	0.72	4.0×10^{-4}
⑤₁	11.7	39.4	100	66.8	7.1	8.7	48.0	0.56	1.9×10^{-4}
⑤₂	12.5	41.4	100	68.9	12.9	14.2	88.9	0.62	2.2×10^{-4}

第4章

地铁盾构隧道下穿高铁梁桥
对桥墩的影响分析

本章通过施工现场监测并整理、分析监测数据，对隧道开挖引起的地表变形规律进行了总结。同时利用岩土有限元软件 PLAXIS 3D，基于三种不同的土体本构模型 M-C、HS 和 HSS，针对盾构隧道下穿京沪高铁梁桥之前的试验段盾构施工实际工况，开展数值模拟计算盾构开挖对地面变形的影响，并将三种土体本构模型模拟得到的计算值与实际监测数据进行对比分析，来确定最优的土体本构模型。除此之外还考察了监测点 XD21 随着盾构开挖的变形情况，并且针对常州地质土层，对地层损失率 0.5% 与 0.8% 的适用性进行了比较分析。

4.1 PLAXIS 有限元软件

PLAXIS 软件包括 PLAXIS 2D 与 PLAXIS 3D，本书中数值模拟主要用到 PLAXIS 3D。

PLAXIS 3D 采用便捷的图形化用户界面，操作流程简明、清晰，具备强大的建模、分析功能，内嵌多种经典及高级土体本构模型，包括线弹性模型、摩尔-库仑（M-C）模型、软土（SS）模型、修正剑桥（MCC）模型，还有土体硬化（HS）模型、土体小应变（HSS）模型等，能模拟复杂岩土结构和施工过程，能模拟稳（瞬）态渗流、流固耦合等复杂水力条件的变化情况，能考虑

土体与结构之间相互作用及动力荷载的影响，适于广大岩土工程师和研究工作
者使用。

4.2 工程概况

4.2.1 项目概况

常州地铁 1 号线一期工程起于南部南夏墅，终于常州市主城区北部新港组
团，是常州市区内一条南北向的主干线。常州地铁 1 号线一期工程线路全长
33.837km，其中北海站—龙跃路站段为地下线，长约 31.486km，并在通江路下
穿京沪高铁梁桥；过渡段长约 0.19km；龙跃路站以南为高架线，长约 2.161km；
一期工程共设 29 座车站，其中地下站 27 座，高架站 2 座，平均站间距 1.2km，
其平面图如图 4-1 所示。

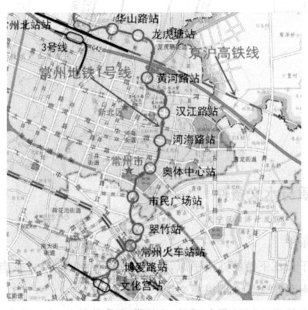

图 4-1 常州轨道交通 1 号线平面图

本章以该工程项目为背景，选取黄河路站至龙虎塘站盾构隧道下穿京沪高铁
连续梁桥的特定区间段作为研究对象。为保障施工质量，并最大限度降低盾构施

工对周边自然环境的影响，研究团队在正式施工前选择工程地质条件相似的试验段进行施工监测。通过试验段的数据采集与分析，旨在优化施工参数、验证防护措施的有效性，为高风险区段施工提供科学依据与技术保障。

常州地铁 1 号线在通江路处（DK30＋412）下穿京沪高铁丹昆特大桥常州东桥段，下穿处桥式为（40＋56＋40）m 预应力混凝土连续梁桥中跨，该桥基础为群桩基础，桩深约 68m，隧道在此处隧顶埋深约 18.5m，最近处水平净距 8.06m，隧道主要在⑤$_2$细砂层穿过，盾构隧道与高架桥平面与立面位置关系如图 4-2、图 4-3 所示。

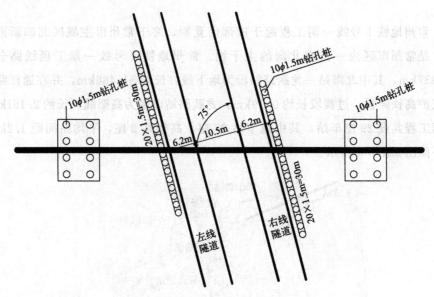

图 4-2　隧道下穿高铁梁桥平面关系图

4.2.2　地质与水文条件

（1）地质条件

常州市位于长江下游的苏南平原，地势平缓，西北略高，东南略低，区内京杭大运河横贯南北，全境水网纵横交织。

本章所研究的盾构试验段与盾构下穿段地质条件相近，周边场地地形平坦，地面标高一般为 3.0～5.3m。根据地质工程勘察报告，区域土层自上而下可分为 8 层，主要由淤泥质土、黏性土和粉砂组成，土层描述见表 4-1。

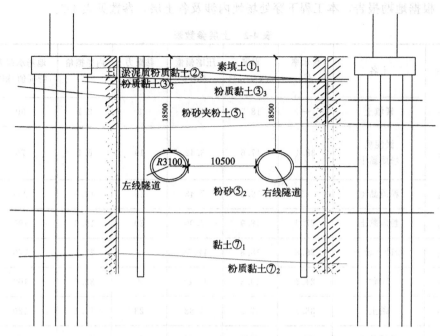

图 4-3　隧道下穿高铁梁桥立面关系图

表 4-1　土层描述

层号	土名	层厚/m	土层描述
①₁	素填土	2.2～4.4	杂色,松散至密实,表层为混凝土地坪或人行道地砖;其下以杂填土为主,底部以黏性土为主,施工范围内广泛分布
②₃	淤泥质粉质黏土	0～1.90	灰色,流塑至软塑,切面光滑,韧性高,含半腐植物茎,水平层状结构较清晰
③₂	粉质黏土	0～1.40	灰黄色至褐黄色,可塑至硬塑,干强度、韧性高,压缩性中等,广泛分布
③₃	粉质黏土	2.6～3.9	灰黄色至黄色,可塑,干强度、韧性中等,压缩性中等,广泛分布
⑤₁	粉砂夹粉土	6.2～6.6	灰黄色,饱和,稍密至中密,含云母,压缩性中等,广泛分布
⑤₂	粉砂	17.1～17.7	灰黄色至灰色,饱和,中密至密实,含云母,压缩性中等,广泛、均匀分布,车站底板位于该层
⑦₁	黏土	13.3～14.7	灰至灰黄色,饱和,中密至密实,压缩性中等
⑦₂	粉质黏土	>40	灰黄色,可塑,干强度、韧性中等,压缩性中等,广泛分布

根据地勘报告，本工程下穿处场地内涉及各土层，参数见表 4-2。

表 4-2　土层参数表

层号	土名	含水率 /%	重度 /(kN/m³)	压缩模量 /MPa	黏聚力 /kPa	内摩擦角 /(°)	地基承载力特征值/kPa
①₁	素填土	—	18.5	4.70	3	2.1	60
②₃	淤泥质粉质黏土	38.4	17.6	3.42	19	6.1	70
③₂	粉质黏土	25	19.3	7.48	49	13.3	250
③₃	粉质黏土	27.7	18.9	7.00	30	19.3	190
⑤₁	粉砂夹粉土	26.8	18.8	12.50	4	31.5	170
⑤₂	粉砂	24.6	19.3	14.88	4	32.5	100
⑦₁	黏土	38.1	17.9	4.88	23	11.1	120
⑦₂	粉质黏土	26.9	19.2	6.04	23	14.6	170

(2) 水文条件

根据勘察资料，区域地下水按其埋藏条件可分为潜水和承压水。

① 潜水：潜水主要埋藏于素填土、淤泥质粉质黏土层中，测得潜水水位埋深为 0.50～3.20m（相应标高为 4.550～1.000m）。潜水水位因埋深较低，受季节变化影响较大。一般在工程中可用积水坑或沟槽将潜水给排走。调查显示该地区潜水水位的年变化幅度约为 0.5m。设计可结合区域水文资料，根据不同计算项目按最不利原则选择合适的地下水位埋深。

② 承压水：区域有两层承压水，盾构下穿主要发生在第Ⅰ层承压水，其主要埋藏于第⑤₁、第⑤₂ 土层中，承压水水位埋深为 3.00～7.70m（相应标高为 2.630～−3.210m），局部地段承压水埋深超过此范围值，系附近工地施工降低地下水位造成。

因试验段的水文、地质条件与下穿段大体相同，本书所研究试验段施工区域的水文、地质条件同样适用于下穿段，区间隧道穿越土层主要为⑤₁ 粉砂夹粉土、⑤₂ 粉砂。

4.2.3　工程特点

（1）周边环境要求高

本工程下穿的京沪高速铁路为已开通的高速铁路，盾构下穿过程中，高速铁路照常运营，列车设计速度为 350km/h，列车行驶过程对轨面以及梁桥桥墩控制要求较高。

（2）隧道与桥梁桩基净距小

盾构隧道与桥墩桩基础之间最小的距离为 8.06m，隧道结构与桥墩结构之间距离较小，这对高铁梁桥桥墩变形控制要求很高。

（3）盾构隧道斜下穿高铁梁桥

常州地铁 1 号线盾构隧道斜下穿高铁梁桥，会增加高铁轨道的不平顺，影响列车行驶安全；除此之外，在偏应力作用下，可能会对隧道管片产生影响，不利于隧道的长久运营。

4.2.4　施工对策

根据工程特点，对如何控制好掘进，减少地表沉降，保证侧穿高铁区域的安全与稳定，提出了对策。

① 加强施工期间的测量监测工作，实时掌握地面沉降数据和桥墩的位移监测数据，并及时将监测数据反馈到控制室，优化施工参数。

② 盾构推进过程中，控制盾构姿态，保持掘进线路与隧道设计线路一致，掘进线路偏差控制在 ±40mm 内，严禁盾构机蛇形前进。

③ 优化管片选型工作，派专人检查管片拼装情况，保证管片拼装质量。

④ 严格同步注浆工序，确定注浆参数（注浆压力、注浆量），保证壁后空隙填充饱满。完善二次注浆程序，在管片脱出盾尾 5 环后及时进行二次补浆。

⑤ 加强机械保养，严禁盾构机在此处停机。

4.2.5　盾构施工总体流程

盾构施工总体流程见图 4-4。

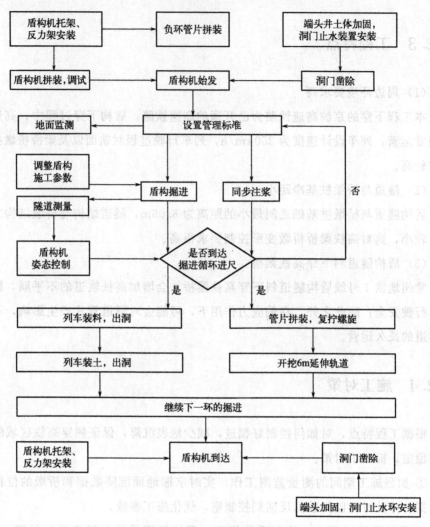

图 4-4　盾构施工总体流程图

4.3　现场监测方案

4.3.1　盾构试验段监测方案

（1）试验段选取

为保障施工质量，并最大限度降低盾构施工对周边自然环境的影响，本项目根据本标段盾构施工范围内的地质条件，针对性地选取试验段进行施工验证。

本书试验段选取1号线黄河路站—龙虎塘站区间盾构隧道下穿京沪高铁梁桥之前的一段盾构区间为研究对象，根据招标设计图纸地质剖面图及现场情况，试验段选择与下穿区域范围内地质相同的区域，本次试验段120m，试验段从570环开始，至670环结束，盾构试验段地面实景如图4-5所示。

图 4-5　试验段地面实景图

（2）布点原则

线路纵向地表沉降监测点应沿线路中线按6.0m（5环）间距布设，横向地表沉降监测点按50m（约40环）间距布置，并按盾构掘进沿线环境保护要求加密设置。盾构进出洞范围每5m（约5环）设一个断面，共5组，本区间横向地表沉降监测范围为25m，故以单一盾构隧道轴线来算，横断面监测点间距为0m、3m、5m、5m、12m，每组断面布设9个监测点。试验段监测点布置示意图如图4-6所示（图中省略XD11和XD16断面监测点标记）。

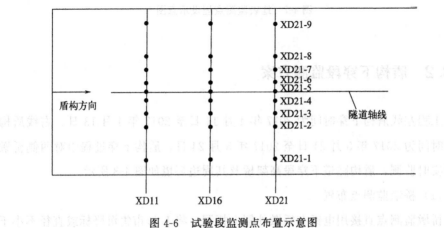

图 4-6　试验段监测点布置示意图

（3）监测点布设要点

监测点按纵向与横向来布置：纵向沿着隧道轴线方向来布设监测点；横向分别在距隧道中心线 3m、8m、13m、25m 处进行布设。实际工程中监测点布置工艺需要按照规范要求，将钢筋条立在监测点上通过锤子等敲击物将钢筋打入地下原状土中，在此过程中需保持钢筋条不能横向移动，且钢筋进入原状土中的深度不小于 50cm，若监测点位于刚性路面处，则需设置隔离层，最后监测点地表处需设置盖板以保护监测点，如图 4-7 所示。

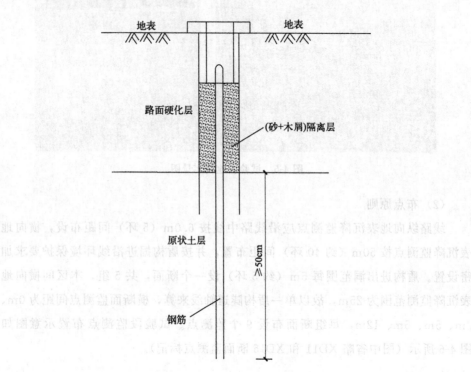

图 4-7　地表监测点埋设示意图

4.3.2　盾构下穿段监测方案

工程左线盾构下穿时间为 2017 年 4 月 11 日至 2017 年 4 月 13 日，右线盾构下穿时间为 2017 年 5 月 21 日至 2017 年 5 月 24 日，盾构下穿过程中对两侧桥墩进行实时监测，盾构隧道下穿段高架桥及其周边环境如图 4-8 所示。

（1）桥墩监测点布置

桥墩监测点直接用电锤在桥墩外侧上打洞，将 L 形市售沉降标或直径不小于

图 4-8　下穿段高铁梁桥及其周边环境

18mm 的螺纹钢埋入钻孔中并用植筋胶加固来进行监测，除此之外若桥墩上本来就有沉降监测点，也可利用其来进行监测，桥墩监测点结构示意图如图 4-9 所示。

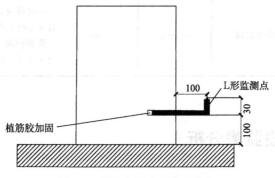

图 4-9　桥墩监测点结构示意图

（2）桥墩监测点布设

45#、46# 桥墩具体布点方式和数量如下：京沪高铁梁桥 45#、46# 桥墩每个桥墩设置 8 个监测点，监测点布置在桥墩四周，两个桥墩共计 16 个监测点，监测点布置示意图如图 4-10 所示。

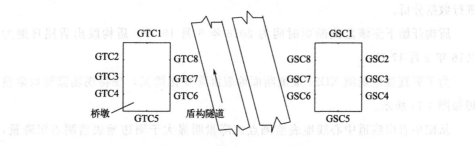

图 4-10　桥墩监测点布置示意图

（3）下穿段监测报警值、预警值及监测频率的确认

本工程在下穿段对桥墩竖向位移及水平位移的影响视为对京沪梁桥轨道的竖向位移及水平位移的影响。依据《上海铁路局工务安全管理办法》的高铁铁路变形控制标准，结合以往南京和上海下穿高铁梁桥变形监测要求和经验，本工程监测预警值及报警值以及监测频率如表 4-3 所示。

表 4-3　京沪高铁铁路变形监测预警值与报警值及监测频率

监测项目		预警值	报警值	监测频率
桥墩监测	桥墩竖向位移	±0.8mm	±1mm	一般情况：行进至影响区域内，每 6 小时 1 次（每天 4 次）；预警情况：行进至影响区域内，每 4 小时 1 次（每天 6 次）
	桥墩顶部顺桥向位移	±0.8mm	±1mm	
	桥墩顶部横桥向位移	±0.8mm	±1mm	
	桥墩顺桥向倾斜	±20″	±60″	
	桥墩横桥向倾斜	±20″	±60″	
地表监测	地表竖向隆起位移	+5mm	+7mm	一般情况：行进至影响区域内，每 6 小时 1 次（每天 4 次）；预警情况：行进至影响区域内，每 4 小时 1 次（每天 6 次）

4.4　试验段监测分析

本标段盾构施工所经过的地质以粉砂夹粉质黏土、粉砂为主。本试验段共分为 4 个主要监测断面（XD11、XD16、XD21、XD101），为更好地反映盾构施工对周围环境的影响，不考虑盾构分体始发、端头加固、盾构二次转接等因素的影响，同时使数值模拟计算结果与监测结果对比简单化，本节以 XD21 主监测断面进行数据分析。

盾构开始下穿该监测断面时间为 2016 年 9 月 15 日，盾构脱出盾尾日期为 2016 年 9 月 17 日。

为了更直观地观测 XD21 监测断面地表沉降变化情况，现将现场监测数据整理如图 4-11 所示。

从图中看出隧道中心线地表监测点沉降量明显大于周边地表监测点沉降量，沉降量为 5.4mm，随着距隧道中心线的距离增大，沉降量逐渐减小，符合 Peck

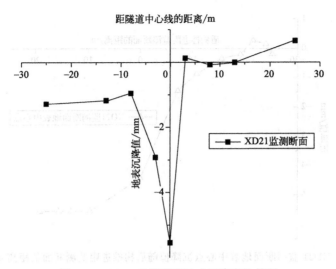

图 4-11　XD21 监测断面地表沉降变化情况

高斯曲线。

XD21 监测断面地表中心点沉降值随盾构开挖日期变化情况如图 4-12 所示。

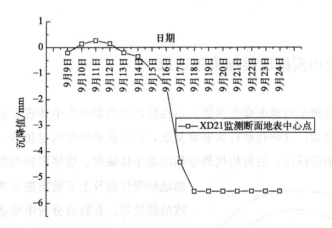

图 4-12　XD21 监测断面地表中心点沉降值随盾构开挖日期变化情况

监测断面 XD21 地表中心点沉降值与盾构推进距监测断面的距离的关系如图 4-13 所示。

从图 4-13 中看出，盾构机在到达该监测断面前 25m 左右时，该监测断面监测点会有轻微隆起，隆起量为 0～0.5mm，当盾构机盾尾脱出该断面时，该断面会有所下沉，但下沉量较小，约为 1mm，之后趋于平缓，主要沉降发生在盾构机到达该监测断面前 10m 与盾尾脱出该监测断面之间。

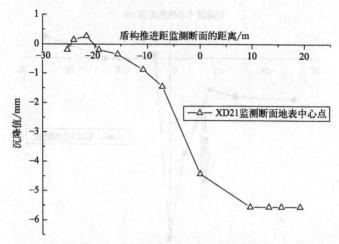

图 4-13　XD21 监测断面地表中心点沉降值随盾构推进距监测断面的距离变化情况

4.5　试验段盾构施工数值模拟分析

4.5.1　盾构模拟地层损失率选取

　　盾构隧道施工对地面变形及周边结构物产生的影响集中体现在盾构掘进过程中对地层的扰动，这种扰动行为非常复杂，产生扰动的原因也很多，包括盾构掘进过程中的地层挤压、沿盾构机外壁的间隙土体缺失、盾尾脱出和壁后注浆导致的地层变位以及上下坡推进和曲线段推进导致的超挖等，在数值分析中将盾构掘进施工对地层的扰动用一个综合的地层损失率来模拟。地层损失率与隧道穿越土层工程性质、隧道线路线形和施工质量有重要关系。对于直线隧道，地层损失率与盾构机工作面径向的位移换算关系如下。

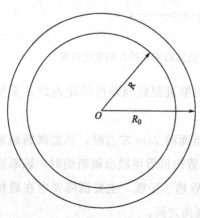

图 4-14　地层损失率计算示意图

　　假定工作面初始半径为 R_0，发生地层损失后，工作面换算半径为 R，如图 4-14 所示。则有

$$地层损失率 = \frac{地层损失面积}{盾构掘进工作面面积} \times 100\% = \frac{\pi(R_0^2 - R^2)}{\pi R_0^2} \times 100\% \quad (4-1)$$

本工程中盾构施工土层为粉砂层，工程性能较好，不容易引起较大的地层损失，因此后面模拟计算中主要分析地层损失率为 0.5% 的情况；但为了考虑纠偏施工等特殊情况，地层损失率为 0.8% 的情况在后面也进行了模拟计算。

4.5.2　几何模型及计算参数

本小节内容采用有限元软件 PLAXIS 3D 对本试验段盾构施工进行模拟计算，分别采用三种不同本构模型 M-C、HS、HSS 来分析盾构开挖对地表沉降的影响。建立计算模型时，将类型相同、基本参数相似的土层通过加权平均算法合并。③$_2$ 和 ③$_3$ 合并为上层黏土层，⑤$_1$ 和 ⑤$_2$ 合并为粉砂层，如图 4-15 所示。

图 4-15　合并后土层

盾构隧道距离地面 4m，在数值计算模型中，先用 10m 长的实体混凝土单元来模拟隧道已完成的衬砌结构，实体单元前部用 7.2m 的板单元模拟盾构机机头，采用线收缩的方式模拟盾构机机头的超挖现象以及开挖过程的地层损失，根据盾构施工经验，地层损失率设为 0.5%。盾构机机头和机尾用线性增量的面荷载模拟不同深度的注浆压力和土仓压力，盾构机机头往前掘进时，盾构机机尾同时结束注浆，再用混凝土结构衬砌，如此反复，模拟盾构机的开挖过程，盾构机和衬砌材料的参数见表 4-4。

表 4-4　盾构机和衬砌材料的参数

名称	刚度 $E/(\text{kN/m}^2)$
盾构机	23×10^6
衬砌材料	33×10^6

因为在试验段只考虑盾构开挖对地表沉降的影响，因此本项目可以采用对称几何模型，取盾构开挖的一半来分析、计算。整体模型见图4-16。

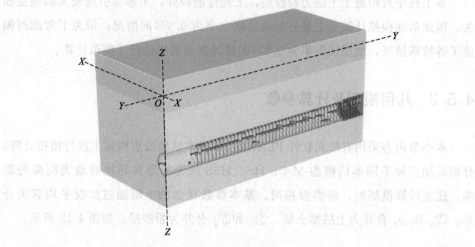

图4-16　几何模型图

盾构机的开挖参数及参数范围见表4-5。

表4-5　盾构机开挖参数及参数范围

参数	参数范围
注浆压力	0.28～0.38MPa
土仓压力	0.26～0.30MPa
千斤顶推力	12000～16000kN
刀盘转速	1～1.2r/min

4.5.3　数值模拟结果分析

（1）采用M-C土体本构模型数值模拟结果分析

土层均采用M-C土体本构模型，模型参数见表4-2。

① 监测断面处土层竖向变形分析。

M-C土体本构模型土层竖向变形云图见图4-17。

从图4-18中看出，盾构隧道施工引起的地表沉降计算值与实际监测值大体走势相似，与Peck提出的隧道开挖引起地面变形的地表沉降槽呈近似正态分布规律相符合，但是计算得到的隧道中心线沉降最大值为17.68mm，远大于监测

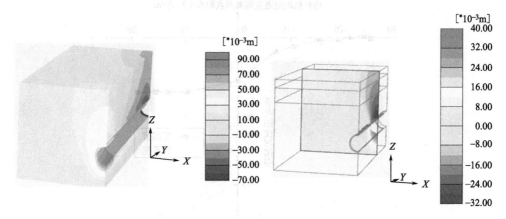

图 4-17　M-C 土体本构模型土层竖向变形云图

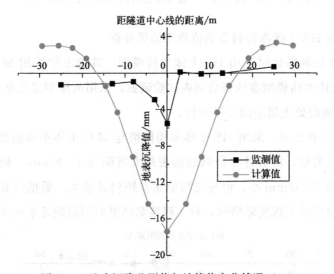

图 4-18　地表沉降监测值与计算值变化情况（一）

值 5.44mm，数值计算的结果并不能准确地反映工程实际情况，对工程监测结果的预测缺乏准确度，从而可以说明盾构开挖采用 M-C 土体本构模型，不能够准确反映工程实际情况，这一土体本构模型并不适用。

② 点（0；46，4）处沉降随盾构开挖变化情况。

计算模型中点（0，46，4），即 XD21 断面地表中心点 XD21，由图 4-19 看出计算值与监测值沉降变化趋势相同，但随着盾构机的向前推进，该点沉降计算值变化幅度远大于监测值，从这一点可再次证明，采用 M-C 土体本构模型，计算值与监测值有很大出入，不能准确反映工程实际情况。

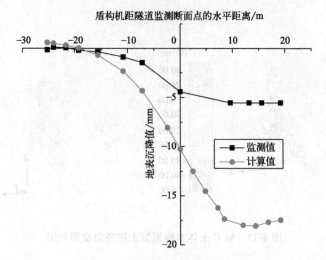

图 4-19　点（0，46，4）处沉降随盾构开挖变化情况（一）

（2）采用 HS 土体本构模型数值模拟结果分析

上层黏土层和粉砂层采用 HS 土体本构模型，其他土层采用 M-C 土体本构模型，HS 土体本构模型参数来自室内试验数据，采用的模型参数见表 3-3。

① 监测断面处土层竖向变形分析。

从图 4-20 中看出，采用 HS 土体本构模型与 M-C 土体本构模型计算得到的地表沉降情况类似，前者计算得到的地表最大沉降为 15.95mm，较后者计算得到的最大沉降 17.68mm 小，但与监测值比差距仍然较大，数值计算的结果也同样不能准确地反映工程实际情况，对工程监测结果的预测缺乏准确度。

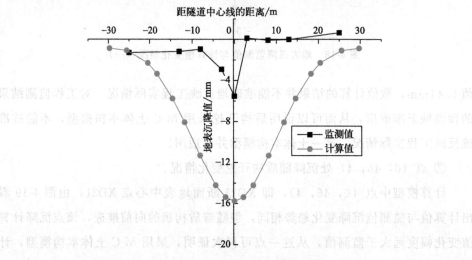

图 4-20　地表沉降监测值与计算值变化情况（二）

② 点（0，46，4）处沉降随盾构开挖变化情况。

由图 4-21 看出计算值与监测值沉降变化趋势相同，但随着盾构机的向前推进，该点沉降计算值变化幅度远大于监测值，从这一点也可说明，采用 HS 土体本构模型，计算值与监测值有很大出入，模拟土体盾构数值计算，欠缺准确度，对工程施工不利。

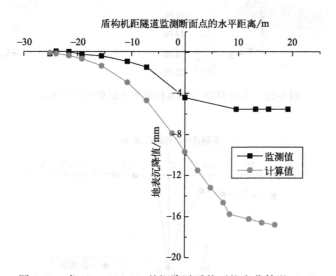

图 4-21　点（0，46，4）处沉降随盾构开挖变化情况（二）

（3）采用 HSS 土体本构模型数值模拟结果分析

上层黏土层和粉砂层采用 HSS 土体本构模型，其他土层采用 M-C 土体本构模型，小应变参数来自室内试验数据，采用的模型参数见表 3-3。

① 监测断面处土层竖向变形分析。

隧道穿过监测断面后，整个区域的土层以及监测断面垂直方向上土层的竖向变形云图如图 4-22 所示，地表沉降监测值与计算值对比图如图 4-23 所示，地表监测值来源于 4.4 节现场监测方案中的 XD21 监测断面。

在盾构隧道下穿过土层后，隧道上方土层由于隧道掘进过程中的土层损失而出现沉降，而且土层越深，越接近隧道，土层的竖向变形越大。对于盾构隧道施工引起的地表沉降，其曲线与理论上的高斯曲线相符合，此处监测值和计算值的变化情况也很好地验证了绪论部分中的相关内容。从图中 XD21 监测断面处地表沉降监测值与计算值的变化情况中可以看出，计算值与监测值有很好的吻合度，数值计算的结果能够较真实地反映出工程实际情况。计算值中的地表最大沉降值略大于监测值，这说明在以后的工程预测中应予以相应的调整来更准确地对工程

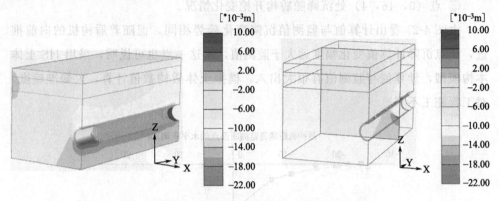

图 4-22 采用 HSS 土体本构模型土层竖向变形云图

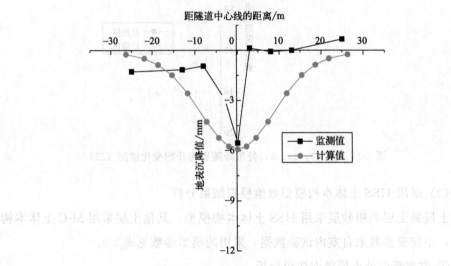

图 4-23 地表沉降监测值与计算值变化情况（三）

进行预测分析。

② 点（0，46，4）处沉降随盾构开挖变化情况。

由图 4-24 看出该点处的监测值与计算值变化趋势相同，该点最大沉降计算值为 5.98mm，比该点最大沉降监测值 5.44mm 大了不到 1mm，计算值与监测值有很好的吻合度，从而再次证明 HSS 土体本构模型非常适用于土体盾构开挖数值计算。除此之外，在盾构隧道向前开挖的过程中，点（0，46，4）处受到扰动开始会有轻微的隆起，随着盾构机向前推进，开始沉降，在盾构机机尾下穿过监测断面，即盾构机机头已通过该监测断面并向前推进 8.4m 时，完成衬砌后，该点沉降逐渐收敛，再随着盾构机向前推进，地表沉降变化很小，因此此时监测

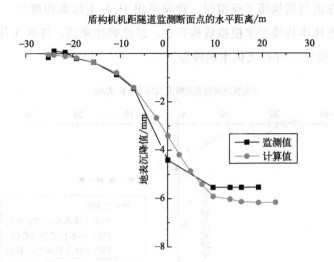

图 4-24　点（0，46，4）处沉降随盾构开挖变化情况（三）

断面变形情况基本代表隧道穿过监测断面后的情况，在今后监测中利用这一规律能为监测带来方便。

（4）三种土体本构模型数值模拟对比分析

为了更加清晰、直观地对比三种土体本构模型的优劣性，特将三种土体本构模型模拟结果与监测结果整合到一起作了对比，如图 4-25 所示。

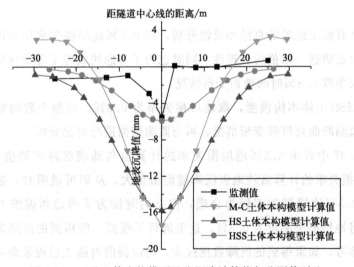

图 4-25　三种土体本构模型地表沉降计算值与监测值对比

由图 4-26 更能直观地看出 HSS 土体本构模型的计算结果更加贴近实际，从而印证了前人所说的土体在盾构施工影响下会处于小应变的状态。对于一些重大施工工况，在进行盾构施工模拟时，建议采用 HSS 土体本构模型。从图 4-26 中看出，采用土体本构模型来模拟盾构开挖，就准确性来说，HSS 土体本构模型＞HS 土体本构模型＞M-C 土体本构模型。

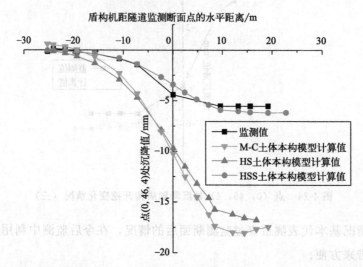

图 4-26 三种土体本构模型下点（0，46，4）处随盾构开挖时的沉降计算值与监测值对比

4.5.4 0.8%地层损失率

参照已有施工经验的总结和反馈分析，以 0.5％地层损失率作为正常施工时的取值，为证明这一取值的合理性，同时也为了考虑纠偏施工等特殊情况，特考察地层损失率取 0.8％时的地面变形情况。

采用 HSS 土体本构模型，取地层损失率为 0.8％，对整个盾构施工进行模拟，考察监测断面处沉降变形情况，再与监测数据进行对比分析。

从图 4-27 中看出 0.5％地层损失率的计算值与地表沉降监测值更加吻合，0.8％地层损失率的计算值较地表沉降监测值偏大，从而可说明对一般盾构施工工况采用 0.5％地层损失率较为合理，但有的时候为了考虑纠偏施工等特殊情况，需要将地层损失率设为 0.8％，这里进行了模拟，所得到的沉降数据也可为工程带来参考，如果得到的沉降数据过大，可以提前对施工过程采取一定控制措施，以免造成损失。

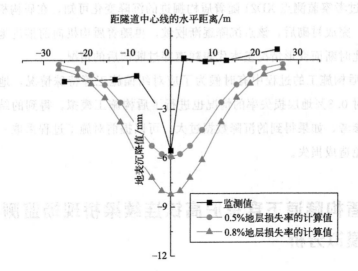

图 4-27　0.5％和 0.8％地层损失率的监测断面地表沉降监测值与计算值

4.5.5　本节小结

本节主要采用 PLAXIS 3D 数值模拟常州地铁 1 号线黄河路站—龙虎塘站区间盾构隧道下穿京沪高铁梁桥之前的试验段盾构隧道施工，采用三种土体本构模型 HSS、HS 和 M-C 分别模拟盾构开挖对地表沉降变形的影响，并将数值模拟得到的计算值与监测值进行对比分析，除此之外也考虑了盾构施工过程遇到纠偏施工等特殊情况，地层损失将会增大，为了及时应对此种情况也进行了盾构施工模拟。

主要有以下研究成果：

① 本节对试验段盾构隧道施工引起的地表变形监测值进行整理分析，发现盾构隧道施工引起的地表变形曲线符合 Peck 公式，呈沉降槽形状。最大沉降位于隧道中心线上方，大约 5.4mm；中心线两边，随着距离的增加，沉降值逐渐减小，甚至隆起。

② 采用 M-C、HS 和 HSS 三种土体本构模型模拟得到的地表沉降计算值曲线与理论上的高斯曲线相符合；采用 HSS 土体本构模型模拟得到的地表沉降数据与监测值有更好的吻合度，数值计算的结果能够较真实地反映出工程实际情况，计算值中的地表最大沉降值略大于监测值，这在以后的工程预测中应予以相应的调整来更准确地对工程进行预测分析。

③ 通过考察监测点 XD21 随着盾构掘进的沉降变化可知，在盾构机尾下穿过监测断面、完成衬砌后，该点沉降逐渐收敛，再随着盾构机向前推进地表沉降变化很小，此时断面变形情况基本代表隧道穿过断面后的情况。

④ 在盾构施工的过程中有时候为了应对纠偏施工等特殊情况，地层损失将会增大。对 0.8% 地层损失率的情况也进行了盾构施工模拟，得到的结果也可为施工带来参考，如果得到的沉降数据过大，可以提前对施工过程采取一定的控制措施，以免造成损失。

4.6　盾构隧道下穿京沪高铁连续梁桥现场监测与数值模拟分析

4.6.1　几何模型与计算参数

根据区间隧道与京沪高铁梁桥的位置关系，采用岩土有限元软件 PLAXIS 3D 建立三维模型进行数值计算分析。下穿京沪高铁梁桥三维有限元模型建立在局部坐标系下，Y 轴为盾构施工方向，Z 轴正方向铅直向上。模型计算范围沿 X 轴向取 120m，沿 Y 轴向取 90m，沿 Z 轴向取 90m（从高程 4m 到高程 −86m）。模型包含了隧道穿越段京沪高铁梁桥桥墩、承台、桩基、隔离桩及左右线两条隧道。

（1）模型参数的选取

模型中的土体本构模型选用 HSS 土体本构模型，可有效模拟软黏土的剪切硬化和体积硬化过程，同时可以反映出不同应变水平下的刚度衰减规律，服从 M-C 破坏准则。计算模型中的土体参数见表 3-3，盾构机参数见表 4-4，盾构机开挖参数见表 4-5，下穿段材料参数见表 4-6。

表 4-6　材料参数

材料	弹性模量/MPa	重度/(kN/m³)
承台、桥墩材料	33000	27
隔离桩材料	30000	25
钻孔桩材料	30000	25

（2）模型荷载的确定

根据盾构下穿的实际施工方案，下穿桥梁均为预应力混凝土连续箱梁，跨度为 56m 的箱梁重约 1370t，桥梁墩顶长宽分别为 8.5m、3.8m，利用高铁梁桥桥面恒载和活载计算得到高铁梁桥墩顶面荷载约为 1200kN/m^2，结合模型中的隧道选取板单元进行模拟，隧道直径为 6.2m，壁厚为 0.35m，材料为 C50 混凝土。建立模型如图 4-28 所示。

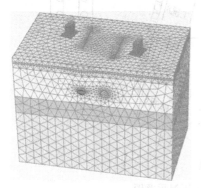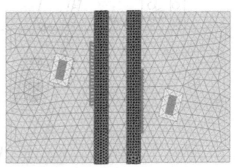

图 4-28　计算模型图

4.6.2　施工工况模拟

盾构下穿施工过程模拟针对本工程的特点，结合工程设计方案，在 PLAXIS 3D 有限元软件中通过冻结隧道范围内土体单元，激活管片单元，并进行断面收缩，将地层损失率设为 0.5%，来模拟盾构掘进过程。整个隧道施工过程模拟按照实际施工顺序进行分步开挖，先施工左线隧道，再施工右线隧道。将这个盾构下穿施工分为 10 个工况，盾构下穿施工工序见表 4-7，盾构下穿施工工况示意图如图 4-29 所示。

表 4-7　盾构下穿施工工序

工况序号	左线盾构模拟施工	工况序号	右线盾构模拟施工
工况 1	刀盘到达 45♯桥墩隔离桩	工况 6	刀盘到达 46♯桥墩隔离桩
工况 2	刀盘到达左线桥前	工况 7	刀盘到达右线桥前
工况 3	刀盘到达左线桥中	工况 8	刀盘到达右线桥中
工况 4	刀盘到达左线桥尾	工况 9	刀盘到达右线桥尾
工况 5	左线隧道全线贯通	工况 10	右线隧道全线贯通

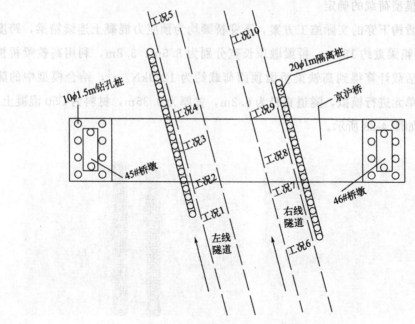

图 4-29　盾构下穿施工工况示意图

4.6.3　盾构下穿数值模拟结果分析

（1）有隔离桩

根据过往类似工程经验，将隔离桩设计为桩间距为 1.5m、桩长 43.5m、桩直径为 1m，排桩长度为 30m。盾构模拟过程用桩单元来模拟排桩。

我们分析了盾构隧道下穿京沪高铁梁桥在有隔离桩的情况下对高铁梁桥顶面顺桥向、横桥向和垂直向三个方向位移的情况，对于有隔离桩情况，隔离桩施工结束后，45＃和 46＃桥墩顶中心点在顺桥向、横桥向和垂直向三个方向位移分别为 0.763mm 和 −0.671mm、0.126mm 和 0.038mm 以及 −0.496mm 和 −0.404mm（图 4-30）。

并由图 4-30 可知，随着隧道开挖的进行，墩顶中心点的顺桥向与垂直向位移都在增大，在开挖左线隧道前五个工况时，右侧 46＃桥墩两个方向位移变化很小，45＃桥墩两方向位移变化很大；而在开挖右线时变化相反。从计算结果看，在采用防护措施的情况下，各向位移值均小于 1mm，盾构开挖对铁路的运营安全影响可控，工程实施方案可行。

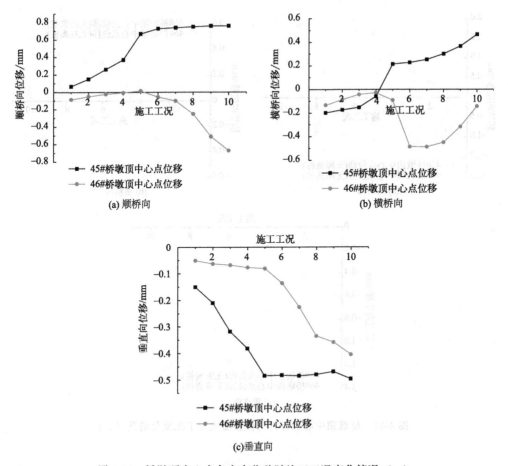

图 4-30　桥墩顶中心点各方向位移随施工工况变化情况（一）

（2）无隔离桩

分析计算结果：对于无隔离桩情况，45♯和46♯桥墩顶中心点在顺桥向、横桥向和垂直向三个方向位移分别为 1.83mm 和 −1.71mm、0.499mm 和 −0.535mm 以及 −1.275mm 和 −1.107mm（图 4-31）。

从图 4-31 中看出，三个方向的变形比设置隔离桩时的变形均有所增加，但横桥向位移与有隔离桩的情况相比变化不明显，且位移值都处于 1mm 之内，满足规范，不影响高铁安全运营。顺桥向和垂直向在无隔离桩的情况下变形、位移均超过 1mm，不满足《高速铁路设计规范》（TB 10621—2014）中相关规定，且在设置隔离桩之后顺桥向位移大幅减小，可起到阻止桥墩向靠近隧道侧变形的作用。

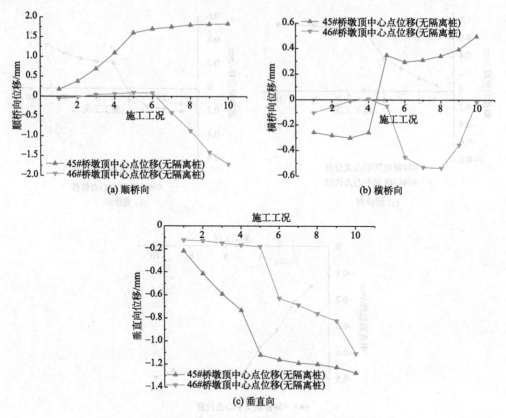

图 4-31　桥墩顶中心点各方向位移随施工工况变化情况（二）

4.6.4　盾构隧道下穿引起桥墩变形监测分析

工程左线盾构下穿时间为 2017 年 4 月 11 日至 2017 年 4 月 13 日，右线盾构下穿时间为 2017 年 5 月 21 日至 2017 年 5 月 24 日，盾构下穿过程中对两侧桥墩进行实时监测。盾构下穿京沪高铁梁桥两侧桥墩监测数据见表 4-8。

表 4-8　盾构隧道下穿京沪高铁梁桥两侧桥墩监测数据

左侧桥墩监测点编号	累计沉降量/mm	右侧桥墩监测点编号	累计沉降量/mm
GTC1	0.5	GSC1	0.1
GTC2	0.4	GSC2	0.3
GTC3	0.3	GSC3	0.3
GTC4	0.5	GSC4	0.4
GTC5	0.4	GSC5	0.2

续表

左侧桥墩监测点编号	累计沉降量/mm	右侧桥墩监测点编号	累计沉降量/mm
GTC6	0.2	GSC6	0.3
GTC7	0.4	GSC7	0.1
GTC8	0.4	GSC8	0.3

在现场监测数据采集过程中，受地面车辆动载影响，监测数据波动较大，但整体监测数据是稳定的。从表 4-7 中看到左侧桥墩各个监测点累计沉降量在 0.2～0.5mm 之间，取平均值为 0.39mm，盾构模拟引起左侧桥墩中心点沉降量为 0.496mm，二者之间相差较小。右侧桥墩各个监测点累计沉降量在 0.1～0.4mm 之间，取平均值为 0.25mm，盾构模拟引起右侧桥墩中心点沉降量为 0.404mm，二者之间也同样相差不大，且与盾构模拟得到的情况一样，左侧桥墩沉降量要稍大于右侧桥墩沉降量。

为了能更加直观地观察某一点的沉降变化情况，特选取左侧桥墩沉降监测点 GTC7、右侧桥墩沉降监测点 GSC7 进行监测，得到监测点 GTC7 与 GSC7 在不同监测日期下的沉降变化，如图 4-32 所示。

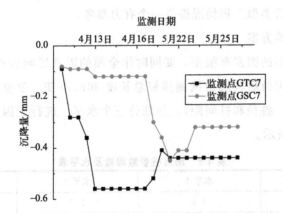

图 4-32　监测点 GTC7 与 GSC7 随监测日期的沉降变化

由图 4-32 看出监测点 GTC7 在进行左线盾构开挖时（2017 年 4 月 11 日至 2017 年 4 月 13 日），沉降变化非常大；而进行右线盾构开挖时（2017 年 5 月 21 日至 2017 年 5 月 24 日），该点起先有一定的回弹，然后趋于平缓。监测点 GSC7 在进行左线开挖时桥墩沉降变化比较小，而进行右线开挖时桥墩沉降变化比较大，这些变化情况与盾构模拟左右桥墩中心点在不同工况下的沉降变化情况大致对应，从而再次证明本工程采用盾构模拟具有一定的准确性，所得到的结果能够为工程带来参考和建议。

4.6.5　隔离桩设计方案优选

由前文盾构施工模拟可知，隔离桩在控制盾构隧道近距离下穿既有桥梁桥墩的施工过程中，对抑制桥墩变形有显著作用。近年来，国内学者对隔离桩作用及其优化方法进行了大量研究。费纬以具体工程为例，结合理论计算、有限元数值模拟及现场监测数据分析等手段，验证了隔离桩在深基坑工程变形控制中的作用。纪新博等依托盾构侧穿邻近建筑的隔离桩工程，针对隔离桩三个主要因素桩长、桩间距、桩径进行正交有限元法分析，来确定最佳参数组合。赵景阳等以盾构隧道近距离下穿某高层建筑这一工程为对象，通过正交试验方法研究了隔离桩在此中的作用，并对其进行了优化分析。

为了降低造价、简化施工，对隔离桩的参数进行优化使其能够满足桥墩的变形要求，本节以常州轨道交通一号线下穿京沪高铁梁桥工程为依托，以左右两桥墩顺桥向位移变形为指标，利用软件 PLAXIS 3D，采用正交试验方法研究隔离桩参数对盾构下穿桥墩变形的影响，针对主要因素进行参数优化分析，确定最佳参数组合，为以后类似工程情况提供一个有力参考。

（1）正交试验方案

影响桥墩变形的因素有很多，要同时作全面的因素影响分析，是不可能的，也是不必要的，保持盾构隧道两侧排桩总长度 30m 不变，改变隔离桩三个主要影响因素（桩长、桩径和桩间距），并划分三个水平，进行三因素三水平的正交试验，如表 4-9 所示。

表 4-9　隔离桩参数因素及水平表

影响因素	水平 1	水平 2	水平 3
桩间距/m	1.5	1.7	1.9
桩径/mm	1000	800	600
桩长/m	43.5	38.5	35.5

此处有三个影响因素，每个因素三个水平，三因素三水平正交试验将需要进行 27 次数值试验，现减少到 9 次试验，排出的试验方案如表 4-10 所示，其中方案 1 是本工程实际采用的方案。

表 4-10　盾构正交试验方案表

方案序号	桩间距/m	桩径/mm	桩长/m
1	1.5	1000	43.5

续表

方案序号	桩间距/m	桩径/mm	桩长/m
2	1.5	800	38.5
3	1.5	600	35.5
4	1.7	1000	35.5
5	1.7	800	43.5
6	1.7	600	38.5
7	1.9	1000	38.5
8	1.9	800	35.5
9	1.9	600	43.5

（2）数值模拟结果分析

由本章前面数值分析可知，无隔离桩情况下左右侧桥墩顺桥向最大位移大于竖直向最大位移，且在方案 1 数值计算中桥墩顺桥向最大位移也同样大于竖直向最大位移，暂且先考虑以桥墩顺桥向最大位移作为指标，来考察不同因素组合下桥墩的最大顺桥向位移是否满足规范。

在模型建立后，通过 PLAXIS 软件计算 45♯和 46♯桥墩在 10 个开挖工况下的顺桥向最大位移来分析各因素对桥墩变形的作用效果，桥墩的顺桥向与横桥向的位移如表 4-11 和表 4-12 所示。

表 4-11　45♯桥墩顺桥向的变形结果

方案序号	桩间距/m	桩径/mm	桩长/m	45♯桥墩顺桥向最大位移/mm
1	1.5	1000	43.5	0.76
2	1.5	800	38.5	0.92
3	1.5	600	35.5	1.14
4	1.7	1000	35.5	0.98
5	1.7	800	43.5	0.81
6	1.7	600	38.5	0.96
7	1.9	1000	38.5	1.38
8	1.9	800	35.5	1.47
9	1.9	600	43.5	1.21

表 4-12　46♯桥墩顺桥向的变形结果

方案序号	桩间距/m	桩径/mm	桩长/m	46♯桥墩顺桥向最大位移/mm
1	1.5	1000	43.5	−0.67
2	1.5	800	38.5	−0.89

续表

方案序号	桩间距/m	桩径/mm	桩长/m	46#桥墩顺桥向最大位移/mm
3	1.5	600	35.5	−1.1
4	1.7	1000	35.5	−0.97
5	1.7	800	43.5	−0.75
6	1.7	600	38.5	−0.93
7	1.9	1000	38.5	−1.29
8	1.9	800	35.5	−1.41
9	1.9	600	43.5	−1.16

由表 4-11、表 4-12 中数据可以看出，方案 1 的桥墩顺桥向变形最小，方案 8 的桥墩顺桥向变形最大，桥墩顺桥向变形大小顺序为 8＞7＞9＞3＞4＞6＞2＞5＞1。根据表中数据进行统计分析可知隔离桩的桩间距对桥墩的顺桥向变形影响最大，桩长次之，最后是桩径。

为了能更直观地分析隔离桩各因素对桥墩变形的影响，通过数值模拟在十个工况下桥墩中心点的计算，得到不同工况下两个桥墩顺桥向位移变化图，如图 4-33、图 4-34 所示。

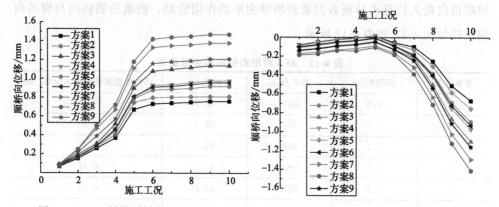

图 4-33　45#桥墩顺桥向位移变化图　　　图 4-34　46#桥墩顺桥向位移变化图

由图 4-33、图 4-34 可知，随着施工工况的增加，45#桥墩与 46#桥墩顺桥向位移逐渐增大，可以从图中看到方案 7、方案 8、方案 9 的位移较其他方案的位移大，因方案 7、方案 8、方案 9 的桩间距较大，再次证明了桩间距是影响桥墩变形的主要因素。

通过分析桥墩顺桥向变形，可以看出方案 1、方案 2、方案 4、方案 5、方案 6 得到的结果都满足桥墩变形规范要求，但是方案 2、方案 4、方案 6 计算得到的桥墩变形接近规范值，同时考虑到工程造价等因素，本隔离桩工程采用方案 5 的参数更为理想，即隔离桩桩间距取 1.7m，桩径取 800mm，桩长取 43.5m。

4.6.6　本节小结

本节内容主要采用有限元软件 PLAXIS 3D 数值模拟常州地铁 1 号线下穿京沪高铁梁桥的施工过程，分析了在有无隔离桩的情况下桥梁墩顶在不同施工工况下的变形情况，并进行了研究，得到了高铁梁桥桥墩顺桥向、横桥向及垂直向位移变化情况；同时又利用软件 PLAXIS 3D，研究了隔离桩参数对下穿高铁梁桥桥墩变形的影响，针对主要因素进行参数优化分析，确定了最佳参数组合，主要有以下研究成果：

① 对于有隔离桩情况，盾构隧道开挖完成后，45＃和 46＃桥墩顶中心点在顺桥向、横桥向和垂直向三个方向位移分别为 0.763mm 和 −0.671mm、0.126mm 和 0.038mm 以及 −0.496mm 和 −0.404mm。在采用防护措施的情况下，各向位移值均小于 1mm，满足《高速铁路设计规范》（TB 10621—2014）标准，盾构开挖对铁路的运营安全影响可控，工程实施方案可行。

② 对于无隔离桩情况，盾构隧道开挖完成后，45＃和 46＃桥墩顶中心点在顺桥向、横桥向和垂直向三个方向位移分别为 1.83mm 和 −1.71mm、0.499mm 和 −0.535mm 以及 −1.275mm 和 −1.107mm，三个方向的变形比设置隔离桩时的变形均有所增大，不能满足规范。因此对比可知，设置隔离桩后对盾构施工期间桥墩的变位及沉降起到较好的限制作用。

③ 通过实际监测，左右桥墩的平均沉降值分别为 0.46mm 和 0.25mm，盾构模拟桥墩中心点垂直向位移分别为 −0.496mm 和 −0.404mm，监测值与计算值之间相差较小，且与盾构模拟得到的情况一样，左桥墩沉降量要稍大于右桥墩沉降量；再对桥墩上某一监测点进行实时监测，其沉降变化与盾构模拟得到的桥墩中心点变化情况大致对应。通过以上几点可以在一定程度上说明盾构模拟的可行性、准确性，所得结果具有一定的参考价值。

④ 隔离桩在本工程中具有控制变形的作用，对水平向和竖向的变形具有隔断作用，本书考虑隔离桩的优化，针对三个主要因素桩长、桩间距、桩径，通过数值模拟进行 9 次正交试验，确定影响桥墩顺桥向变形的最大影响因素是桩间距，其次是桩长，最后是桩径，所以在隔离桩工程设计和施工过程中，应优先考虑桩间距这一因素，同时还需要考虑其他因素的共同作用。

4.7　盾构施工参数建议及突发事件预防措施

盾构下穿桥梁引起桥墩变形受到很多施工因素的影响，在复杂地质条件下进行盾构施工引起地表沉降和建筑物变形是不可避免的，因此必须制定专门的施工措施来确保盾构下穿安全施工。为了控制地面变形和桥墩的变形，确保盾构施工安全进行，要遵循合理施工、信息及时、正确指导原则，根据制定的保护要求，采取合理的施工技术措施和施工参数。

本节主要是针对盾构施工给出施工参数建议，尽量使盾构掘进能够安全、平稳进行，同时对下穿桥梁施工过程出现意外事故情况，提出了预防及控制措施，并针对减小盾构下穿高铁梁桥过程对桥墩变形的影响提出了一些措施、建议。

4.7.1　盾构施工参数建议

(1) 土仓压力

基于土力学原理，盾构机掘进面面临的水土压力的理论值为

$$P_0 = P_c + P_w = K_0(\gamma' H + q) + \gamma_w H \tag{4-2}$$

式中　P_c——土压力；

P_w——水压力；

K_0——静止土压力系数，$K_0 = 1 - \sin\varphi'$，φ'为土的有效内摩擦角；

H——盾构工作面中心处深度；

γ'——土的有效重度；

q——地面超载；

γ_w——水的容重。

当土质渗透系数较小时，土仓压力可采用水土合算：

$$P_0 = K_0 \gamma H \tag{4-3}$$

式中　γ——土的饱和重度。

常州市地铁1号线穿越京沪高速铁路连续梁桥段隧道中心埋深约 $18.5 + 6.2/2 = 21.6$(m)，盾构穿越土层为⑤$_2$粉砂层，盾构上方土质渗透系数较大，应采用水

土分算的方法；根据具体工点的实际土层参数和隧道埋深，计算得到相应的土仓压力约为 0.23MPa。

根据工程经验，在实际施工中，土仓压力的设定值比理论值高 15～25kPa，即一般取 1.1～1.2 倍的静止土压力。经计算，1 号线下穿京沪高铁梁桥时，土仓压力设定值在 0.26～0.30MPa 之间。

由于下穿的是高铁梁桥，荷载变化不定，需要时刻关注监测反馈的信息并及时调整土仓压力。

（2）推进速度

盾构推进速度过快会增加地表的沉降，影响地表建筑；过慢会影响施工进度，增加成本，不利于工程进展。所以在盾构工程中推进速度应严格保持在一定的范围内。对于本工程盾构下穿京沪高铁梁桥，在查阅大量相关资料及工程经验的基础上，建议盾构推进速度保持在 2.0～2.5cm/min，保证平稳推进，每日推进 5～7 环，实际出土量为理论值的 98% 左右。

（3）轴线控制

在盾构下穿高铁梁桥之前，检查好盾构机各部件，严格控制盾构姿态，是盾构机能够沿轴线掘进的前提。工程技术人员需要通过盾构控制系统实时查看地质变化、隧道埋深、地面荷载、地表沉降、盾构机状态、刀盘扭矩、千斤顶推力、土仓压力等各种勘探、测量数据信息，正确下达给各个班组，并根据反馈的信息及时做出调整。盾构机操作人员应严格执行技术人员下达的命令、指示，及时调整盾构推进过程中出现的偏差，确保盾构机能够沿轴线推进。在行进过程纠偏时，纠偏量不能过大，以防加大对地层的扰动，确保安全施工。

① 严格控制盾构姿态。

a. 推进过程中，需要加强监控测量，将得到的信息反馈到轴线控制上。

b. 及时按监控测量信息进行调整。

c. 控制盾构机的推进速度。

② 实施对各推进参数的综合控制。

盾构机各种参数之间不是独立的，而是相互关联的。在盾构推进中盾构机土压力大小、刀盘转速、出土量、千斤顶力、土仓压力、推进速度等盾构参数互相影响，在盾构工程中需要总结出这些参数在相互影响的情况下对控制轴线行进的影响。

a. 保证土压力的大小，避免出现超挖和欠挖现象。

b. 刀盘转速与出土量需要保持平衡。

c. 通过监控测量反馈的信息，实时调整盾构机千斤顶力和土仓压力。

③ 严格控制注浆程序。

盾构机向前推进过程中，根据隧道变形情况，需要做到随时调整注浆量与注浆压力，确保盾构机沿轴线推进。

④ 严格控制管片拼装。

管片拼装应严格按照流程来进行，盾尾注浆之后管片居中拼装，使其处于安全位置，有时会出现无法居中拼装的情况，这时通过软木楔子或低压橡胶块来调整，保证管片良好拼装以及尺寸偏差控制在规范要求范围之内。除此之外，为防止管片环面渗水，还要加强对其防水的处理。

⑤ 严格控制盾构纠偏量。

在实际盾构掘进过程中不可避免地会出现轴线走偏情况，这时需要对其进行纠偏，主要是通过调整千斤顶组合方式，在偏离方向相反处，降低千斤顶的工作压力，产生千斤顶位移差，从而达到纠偏的效果。当盾构机出现蛇形运动轨迹时，需要纠偏，但是纠偏量不能过大，一次纠偏量不能超过 5mm。

盾构高铁铁路下方时，纠偏坡度控制在 ±1‰ 之内，平面偏差在 15mm 以内。如果偏离盾构轴线，不要突然进行纠偏，需保持平缓，还得加强纠偏测量工作，来保证隧道开挖面稳定。

（4）注浆压力

注浆压力不能大于割裂压，而割裂压主要和注浆材料的覆土压力、覆土高度、黏性以及覆土高度与盾构直径之比有关，其经验公式如下：

$$P_f = r_t h + a q_u \tag{4-4}$$

式中　P_f——割裂压；

　　　r_t——土层湿容重；

　　　h——埋深；

　　　a——影响系数，受覆土高度与盾构直径之比影响；

　　　q_u——土体的无限抗侧压强度。

因此，注浆压力不能大于 P_f。

盾构开挖过程中，注浆压力达到 0.4MPa 时，将超过混凝土强度极限，管片开裂，国内外有很多学者针对注浆压力与地表沉降量之间关系进行了研究。结果表明当盾构注浆压力等于隧道埋深处的地层应力时，此时的地表沉降与地层损失最小。本工程盾构隧道下穿京沪高铁隧道，埋深在 18.5m 左右，采用太沙基的土压力计算方法较为合理。根据太沙基公式：

$$P_e = \frac{B(\gamma - C/B)}{K_0 \tan\varphi}(1 - e^{-K_0 \tan\varphi \frac{H}{B}}) + W_0 e^{-K_0 \tan\varphi \frac{H}{B}} \tag{4-5}$$

$$B = \frac{D}{2}\cot\left(\frac{45° + \frac{\varphi}{2}}{2}\right) \tag{4-6}$$

式中　P_e——土压，kN/m^2；

　　B——隧道顶部松动半径；

　　$2B$——隧道顶部松动圈幅，m；

　　K_0——水平土压和垂直土压之比；

　　γ——土体的容重，kN/m^3；

　　C——土的内聚力，kPa；

　　φ——土的内摩擦角，(°)；

　　H——覆土深度，m；

　　W_0——地面荷载，kPa；

　　D——隧道外径，m。

　　因此，注浆压力应至少大于 P_e。结合本工程实际情况，根据以上理论计算分析，得到相应注浆压力范围为：$0.28 \sim 0.38$MPa 之间。具体压力根据推进时实际情况控制。

　　(5) 注浆量

　　通过盾尾建筑空隙量再结合基础地层和掘进方式来确定注浆量的多少，再考虑饱满系数，以保证空隙能够填实。

　　一个行程的注浆量：

$$Q = \left[\frac{\pi}{4}(D_1^2 - D_2^2)\right]ma \tag{4-7}$$

式中　D_1——理论掘削直径；

　　D_2——管片外径；

　　m——行程长度；

　　a——注入率，主要和以下因素有关：注入压力决定的压密系数、土质系数、施工损耗系数和超挖系数。

　　根据本工程实际情况，注浆量的注浆率控制在 $150\% \sim 200\%$ 之间，理论掘削直径为 6.41m，管片外径为 6.2m，计算得到：

$$Q_1 = 1.2 \times 1.5 \times \pi \times (6.41^2 - 6.2^2)/4 = 3.74(m^3)$$

$$Q_2 = 1.2 \times 2 \times \pi \times (6.41^2 - 6.2^2)/4 = 4.99(m^3)$$

由上式可知，盾构推进时每个行程（1.2m）注浆量应控制在 3.74～4.99m^3。

（6）注浆速度

实际施工中靠注浆速度来控制注浆量，因此对注浆速度进行计算，根据每环注入量和每行程推进时间得到注浆速度的计算公式。

$$v = \frac{Q}{t} \tag{4-8}$$

式中　v——注浆速度，m^3/s；

　　　Q——每环注入量，m^3；

　　　t——每行程推进时间，s。

根据以上注浆量及每行程推进时间，计算得到注浆速度在 1.04～1.73L/s 之间。

（7）背后注浆

在实际盾构开挖过程中，盾构机的外径要大于隧道开挖面的直径，在管片拼装完成、盾尾逐渐脱离管片后，管片与地层中间存在空隙，管片处于无支撑状态，将导致错位、围岩坍塌等扰动，从而增大地表沉降，造成地层损失。对稳定性较差的土层如淤泥质土层、黏土层及粉砂层，为了减小地面沉降，使土压力均匀分布，管片能够稳定，要在盾尾有空隙的时候，迅速注浆填充，以确保注浆及时以及填充密实。要满足这个要求并不简单，需要根据开挖的土层和盾构的方式，来确定注浆材料、注浆时机、注入量、注入的方式。

① 浆液类型的选择。注浆材料的选择很重要，关乎盾尾空隙能否填充完整，因此有以下几点要求。

a. 浆液要能搅拌均匀，让其流动性好、黏稠度适中。

b. 要有不能被地下水稀释的特性。

c. 填充性要好，并不会自然流到盾尾空隙外的地方。

d. 为不对周围土体产生影响，浆液注浆后的强度需得与周围土体强度差不多。

e. 浆液注浆完成后体积变化要小，并且不易渗透。

f. 浆液对周围土体不造成腐蚀，不散发异味，并且原材料价格较低。

一般工程上，主要是以单液浆和双液浆来作为背后注浆的浆液类型。

单液浆：单液浆分为水泥类浆液和惰性浆液，水泥类浆液流动性好，填充空隙时易填满，但是早期强度低，容易受到地下水的稀释；惰性浆液多为粉煤灰、膨胀土与砂、水以一定的配合比配制，材料价格便宜，能填密实，但是这种浆液初凝时间长，浆液容易液化。

双液浆：双液浆是一种胶态溶液，它是通过水玻璃与水泥混合而成。通过水玻璃与水泥不同的配合比可以调节硬化时间，这是单液浆所不具备的特点。

② 土质条件和背后注浆浆液的选择。注浆浆液的选择与土质有关，对于砂砾层、砂层，工程中一般选用双液浆；通常对于土体稳定这种情况，多使用单液浆。

③ 注浆压力和注浆量的控制。

盾构施工中需要对注浆压力进行调控，不能过大，也不能过小，过大会导致管片损坏以及地面隆起，过小会导致注浆液填不满空隙，会造成地面下沉。

注浆量需要填满盾构机实际外径与管片外径的空隙，实际操作中由于浆液的渗透、泼洒等原因，注浆量需要比理论用量多出 50%～100%。

4.7.2　盾构施工突发事件预防措施

（1）风险类型

根据本工程的施工重点及不稳定地层情况，充分考虑到施工技术难度和困难、不利条件等，经多方分析和讨论，确定本工程的突发事件、存在的风险和紧急情况如下：

① 隧道下穿京沪高铁梁桥时，土体自稳性不好，引起开挖面塌方，从而导致桥墩发生沉降；

② 隧道掘进过程中出现超排和注浆跟进不及时或者注浆量不足引起的地面过大沉降和地面塌陷；

③ 隧道掘进过程中，地面沉降过大可能导致城市道路出现下沉和塌陷等问题，车辆无法通行；

④ 火灾、意外的工伤事故等，施工人员在隧道内中暑、中毒、被困等情况。

（2）突发事件预防措施

① 掘进施工过程中，出现路面坍塌的应急措施：

a. 立即停止盾构施工，保持土仓压力不变，立即通知相关部门。

b. 对危险段地层损失进行填砂补充，防止地面沉陷，必要时进行地面注浆加固。

c. 成立专门的应急救援小组，做到 24h 待命救援，随时备好专用救援物资和设备，一旦出现险情，即能迅速展开救援。

d. 立即对塌方进行回填和加固处理，各个单位联合起来采取抢险措施。同时要加强对既有线路的检查，预防再次坍塌，因为公路车流量大，必要时需要对交通进行改道处理。

e. 加大盾尾注浆压力和注浆量，同时提高地面监测频率，及时反馈监测数据，以调整盾构注浆参数。

f. 做好预防措施，地面沉降稳定后，盾构施工才可继续进行。

② 盾构施工过程中掌子面出现破坏坍塌的应急措施：

a. 立即对塌方进行回填和加固处理，同时各个单位要联合起来采取抢险措施。同时要加强对既有线路的检查，预防再次坍塌。

b. 邀请专家分析掌子面坍塌事故原因，并给出预防及控制措施。

c. 需要重新制定施工组织措施，落实控制措施。

③ 达到高铁梁桥桥墩预警值、报警值时的应急措施：桥墩的变形对上部结构影响很大，需要严格控制，当其变形接近或达到预警值时，应立刻组织各方商讨变形过大的原因，并提出施工参数优化建议，当桥墩接近或达到报警值时，需要立即停止施工，对地面预留袖阀管进行注浆。

4.7.3　本节小结

① 对下穿京沪高速铁路段，建议盾构推进时的施工参数控制为：土仓压力 $0.26\sim0.30$MPa；掘进速度 $2.0\sim2.5$cm/min，匀速推进，每天推进 $5\sim7$ 环；采用同步注浆方式，注浆压力为 $0.24\sim0.4$MPa，每个行程（1.2m）注浆量控制在 $3.74\sim4.99$m^3。

② 在盾构隧道推进过程中，根据现场监测反馈的数据实时调整土仓压力、推进速度、出土速度、注浆压力、注浆速度及注浆量等盾构参数，尽量使盾构掘进达到最佳状态。

③ 盾构隧道下穿时控制桥墩变形的措施有很多种，如隔断法加固、土体注浆加固和桥墩本体加固等。

④ 对盾构施工中出现的一些紧急状况，提出了一些预防措施。

第 5 章
复杂群基坑开挖对地铁及周边环境影响研究

本章依托江苏省常州市钟楼区怀德中路北侧、劳动西路西侧地块项目，对该群基坑工程施工阶段进行了全程的变形监测。监测的对象包括：群基坑地下连续墙围护结构变形、基坑周围地下管线沉降、基坑周围既有建筑沉降、基坑周围道路沉降。根据监测所得的变形数据，分析了在群基坑工程作业过程中，其周边环境及既有构筑物因基坑开挖而导致的变形发展规律。

5.1 工程概况

5.1.1 项目概况

本项目位于常州市钟楼区怀德中路北侧、劳动西路西侧，处于常州市中心南北主干道的十字交叉点上，且在建轨道交通 2 号线东西向横贯本项目南北地块之间。本项目沿地铁车站两侧划分为南、北两个地块，其中北侧地块规划建设 5 栋高层居民住宅，南侧地块规划建设为商业区，总建筑面积约 $17.7 \times 10^4 \mathrm{m}^2$。北侧地块主体基坑支护结构与地铁车站主体围护结构边线最小水平净距为 8.5m，与地铁车站出入口的最小水平净距为 10.1m，且在北侧地块与地铁车站之间设一条地下通道与地铁连通，地下通道与地铁出入口的最小水平净距为 1.7m。南侧商业地块与地铁车站主体南侧围护结构紧贴且内部连通，项目位于轨道交通 2 号线安全保护区范围内。项目与地铁位置关系平面图如图 5-1 所示。

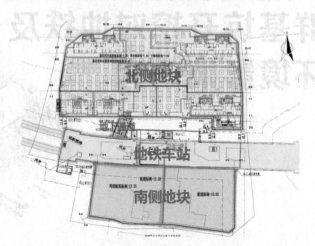

图 5-1　项目与地铁位置关系平面图

5.1.2　常州轨道交通 2 号线简介

常州市轨道交通 2 号线起于常州市主城区西部的城西组团，终于东部颜家。线路西起星港路与茶花路交叉口，设青枫公园站，然后沿星港路、勤业路向东，在勤业桥处向北转入怀德南路，过怀德桥后折向东，沿延陵西路、延陵中路东行，随后线路在丽华北路附近向北转入路东侧地块，下穿沪宁铁路，后于青龙西路折向东，沿规划道路向南转至东方西路，沿路向东行至东方大道、五一路交叉口，设一期工程终点站颜家站。线路全长 19.92km，共设 15 座车站，其中地下站 14 座，高架站 1 座。

常州市轨道交通 2 号线怀德站位于劳动西路与怀德北路交叉口北侧，为地下三层岛式车站，站长约 240m，站中心里程 SK5＋041.306，起止里程为右 SK4＋875.082～SK5＋113.281，站台中心地面标高为 4.090m，车站两端区间隧道直径为 6.20m。车站主体的围护形式如表 5-1 所示。

表 5-1　车站主体围护形式

位置	基坑开挖深度/m	围护结构	围护深度/m	坑底桩基形式	施工方法
标准段	24.9～25.2	1m 厚地下连续墙	46	立柱桩：φ1000 钻孔灌注桩，有效桩长 35m	明挖顺作法
端头井	26.7～26.9		48		

5.1.3　基坑支护方案

本项目基坑安全等级为一级，基坑形状大致为矩形，总周长约 860m。北区采用钻孔灌注桩（$\phi800\sim1100$mm）＋TRD 工法水泥土搅拌墙止水帷幕的复合围护形式，南区采用地下连续墙的围护形式。北侧地块共划分为①～③号基坑，其中③号坑由于开挖面积过大，共划分为四个小的分区进行分区开挖；南侧地块划分为④号、⑤号基坑。③号坑采用锚杆＋混凝土支撑的支护形式，①号坑和②号坑均采用混凝土支撑＋钢支撑的支护形式，④号坑和⑤号坑均采用混凝土支撑的支护形式，各分区基坑基本信息如表 5-2 所示，基坑的典型支护断面图如图 5-2所示，典型支护平面图如图 5-3 所示。

表 5-2　各分区基坑基本信息

分区	面积/m²	基坑开挖深度/m	围护形式	围护深度/m	支撑形式
①号坑	2300	$-8.25\sim-11.65$	钻孔灌注桩＋止水帷幕	$-14.3\sim-21.8$	混凝土支撑＋钢支撑
②号坑	2400	-11.7		$-16.3\sim-20.3$	混凝土支撑＋钢支撑
③号坑	9100	$-9.85\sim-11.65$		$-20.3\sim-21.8$	锚杆＋混凝土支撑
④号坑	4300	$-15.65\sim-18.65$	地下连续墙	-41.5	三道混凝土支撑
⑤号坑	4100				三道混凝土支撑

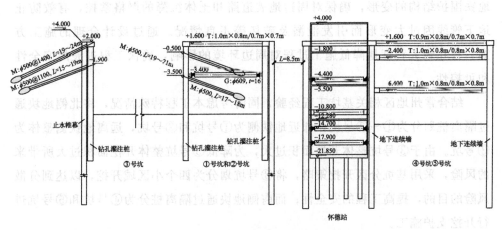

图 5-2　基坑典型支护断面图

图 5-2 中，T 为混凝土支撑，G 为钢支撑，M 为锚杆。

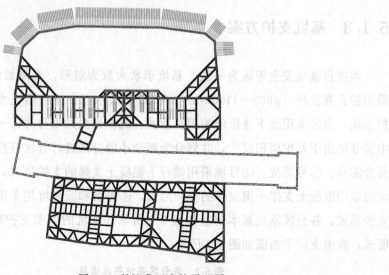

图 5-3　基坑典型支护平面图

5.1.4　施工方案

在本项目中，基坑土体的开挖过程贯彻"分层、分块、对称、限时"的原则，并充分应用时空效应原理，旨在严格控制基坑开挖过程给周边环境可能带来的负面影响。本项目的关键点在于精准监测和调控基坑自身围护结构及相邻地铁围护结构的变形，确保对周边地表道路和土体沉降的严格掌控，有效防止地下管线因过大变形而引发泄漏及破坏等不良情况。通过设计合理的施工方案，旨在最大程度地降低施工过程对周边环境的影响，确保工程进展的安全性和可控性。

结合常州地区相关基坑工程经验，同时考虑本工程特殊情况，将北侧地块通过隔离桩划分为①～③号坑，邻近地铁侧为①号坑和②号坑，远离地铁侧整体为③号坑。由于③号坑整体开挖面积过大，为降低③号坑整体开挖面积过大所带来的风险，采用基坑分区开挖策略，将③号坑划分为四个小区域开挖，以达到分散风险的目的，提高工程的安全性；而南侧地块通过隔离桩分为④号坑和⑤号坑进行开挖支护施工。

目前实际工程拟定的群基坑开挖顺序为：先开挖施工③-1分区，待基坑底板浇筑完成后开挖施工③-2分区，底板浇筑完成后继续开挖施工③-3分区和③-4分区，待③号坑整体地下结构建至地下室顶板后继续开挖①号坑，待①号坑底板浇筑完成后开挖②号坑，至此北侧地块群基坑开挖完成。对于南侧地块，首先开挖④号坑，待整体地下结构建至地下室顶板后，继续开挖⑤号坑，最终完成南侧地块基坑开挖工程，至此群基坑工程整体开挖完成。本项目的群基坑分区如图 5-4 所示。

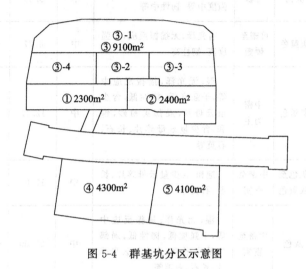

图 5-4　群基坑分区示意图

5.1.5　工程地质与水文概况

（1）工程地质概况

本项目所处位置属于太湖水网平原区高亢平原，根据工程地质勘察报告以及测试指标的离散程度，结合土的沉积规律和工程特点将项目所处地层（地表至 95m 深度）划分为 16 层。具体的土层概况如表 5-3 所示。

表 5-3　土层概况

层号	土名	颜色	密实度	性状	压缩性	平均层底深度/m	平均层底标高/m	平均厚度/m
①$_1$	杂填土	杂色	松散	含有块石、混凝土块等建筑垃圾及水泥地坪	—	3.79	0.770	3.79
①$_2$	素填土	杂色	松散	主要成分为黏性土，含少量碎砖块及建筑垃圾，土质不均	—	5.41	-0.410	2.02
②$_3$	淤泥质粉质黏土	灰色	软塑至流塑	切面稍有光泽，无摇振反应，干强度中等，韧性中等	高	7.85	-2.890	3.44

层号	土名	颜色	密实度	性状	压缩性	平均层底深度/m	平均层底标高/m	平均厚度/m
②₄	粉质黏土	灰色	可塑	稍有光泽,无摇振反应,干强度中等,韧性中等	中	9.63	−4.430	3.11
③₂	黏土	灰黄色	可塑至硬塑	有光泽,无摇振反应,干强度高,韧性高	中	6.77	−2.820	2.95
⑤₁	砂质粉土夹粉砂	灰黄色	中密为主	湿,无光泽,摇振反应中等,干强度低,韧性低,含少量云母片,局部夹粉砂,饱和,含少量云母碎片、长石、石英等	中	12.12	−7.620	3.79
⑤₂	粉砂	灰色至灰黄色	中密至密实	饱和,含少量云母碎片、长石、石英等	中	17.09	−12.540	4.91
⑤₃A	黏质粉土夹粉砂	灰色	中密至密实	湿,无光泽,摇振反应中等,干强度低,韧性低,局部夹粉砂,饱和,含少量云母碎片、长石、石英等	中	27.00	−22.450	5.52
⑤₃	砂质粉土夹粉砂	灰色	中密至密实	很湿,无光泽,摇振反应中等,干强度低,韧性低,局部夹粉砂,饱和,含少量云母碎片、长石、石英等	中	21.48	−16.930	4.39
⑧₁	黏质粉土夹粉质黏土	灰色	中密至密实	很湿,无光泽,摇振反应中等,干强度低,韧性低	中	35.67	−31.070	8.35
⑧₂	粉砂夹砂质粉土	灰色	密实	饱和,含少量云母碎片、长石、石英等,局部夹砂质粉土,密实	中	45.69	−41.220	10.41
⑨₃A	粉质黏土	灰色	软塑至可塑	稍有光泽,无摇振反应,干强度中等,韧性中等	中	53.70	−49.070	7.72
⑨₅	粉质黏土	灰色	可塑至硬塑	稍有光泽,无摇振反应,干强度中等,韧性中等	中	58.50	−53.660	4.33
⑨₆	黏土	灰黄色	硬塑	有光泽,无摇振反应,干强度高,韧性高	中	70.35	−65.600	11.93
⑨₇	粉质黏土	灰黄色	可塑	稍有光泽,无摇振反应,干强度中等,韧性中等	中	75.37	−71.040	4.94

续表

层号	土名	颜色	密实度	性状	压缩性	平均层底深度/m	平均层底标高/m	平均厚度/m
⑩₁	粉细砂	灰色	密实	饱和,含少量云母碎片、长石、石英等	中低	未揭穿(未探明其底部,该土层实际存在且连续)		

（2）水文地质概况

根据地下水埋藏条件将项目所处场地的地下水划分为潜水和承压水。

潜水含水层为①₁杂填土、①₂素填土、②₃淤泥质粉质黏土层,钻探期间测得该水位为自然地面以下0.4～0.9m,北侧地块相当于黄海高程4.41～4.97m,南侧地块相当于黄海高程3.00～3.03m。总体水量不大,其补给源为场地大气降水、河水及附近居民用水,以蒸发和越流方式排泄,其水位年变化范围随季节变化,雨季露出地表,旱季地下水位较深。

承压水含水层,按埋藏条件划分为第一、第二承压水含水层。第一承压水含水层为⑤₁砂质粉土夹粉砂层至⑧₂粉砂夹砂质粉土层,该承压水含水层较厚。第二承压水含水层为⑩₁粉细砂层。承压水透水性较强,主要接受运河、长江等较大水体的侧向补给,以越流形式排泄。

钻探期间测得第一承压水含水层水位为钻孔口下2.5～5.5m,黄海高程0.43～0.70m,该层水量丰富,补给源主要为长江水和江南运河的侧向补给,以越流方式排泄,水位随季节而变化,其水位年变化范围在本场地为黄海高程－1.0～1.0m。由于第二承压水含水层对桩基、基础施工没有影响,其水位未测量。

5.2　现场监测分析

5.2.1　监测方案

在基坑开挖过程中,确保支护结构的稳定性至关重要,以保障基坑施工的安全,避免对周边建筑物、既有构筑物以及地下管线等造成潜在威胁。为此,在施工过程中必须采取切实可行的监控和保护措施。监测的主要目的包括:

① 评估围护结构稳定性：通过了解围护结构的受力、变形以及坑周土体的沉降情况，全面评价围护结构的稳定性，从而及时采取必要的调整和强化措施。

② 监控基坑周边环境影响：对基坑周边地下管线和建筑物的沉降等进行持续监测，全面了解基坑施工对周边环境的影响情况，确保施工过程中不对周边设施造成不可逆的损害。

③ 指导日常管理和施工优化：通过获取围护结构及周围环境在施工中的全面信息，实施有效的日常管理，评价设计和施工方案的合理性，为施工的优化和合理组织提供可靠的数据，并在施工过程中进行实时指导。

④ 积累资料与工程经验：积极积累监测数据，为今后类似工程提供可靠的参考资料，促进工程经验的积累和应用，以确保未来类似项目的顺利实施。这一全面的监测体系旨在维护基坑工程的整体稳定性，实现施工的高效、安全、可控。

5.2.2 监测内容

为正确引导施工，保障工程的顺利进行及周边建筑物的安全，需加强施工期间的监测工作，采用信息化施工手段，实现随时预警并及时处理潜在问题。将监测得到的信息反馈到设计中，进一步指导施工过程。具体的监测内容见表 5-4。

表 5-4 监测内容

监测项目	具体内容
周边环境监测	管线变形监测
	建(构)筑物沉降监测
	地表沉降剖面监测(地铁侧)
围护结构监测	坡顶、桩顶水平和竖向位移监测
	围护结构侧向位移监测
	立柱隆沉监测
	支撑轴力监测

5.2.3 监测结果

由于本书在撰写时，南侧地块仍处于施工阶段，考虑到篇幅有限，本章仅对北侧地块的监测情况进行了深入分析。工程施工进度如表 5-5 所示。

表 5-5　工程施工进度

监测天数	施工内容
78(1~78)	北侧围护桩施工
32(80~111)	南侧围护桩施工
12(100~111)	③-1 分区土方开挖
12(136~147)	③-1 分区土方开挖
12(148~159)	③-2 分区土方开挖
16(160~176)	③-3 分区土方开挖
26(177~202)	③-4 分区土方开挖
141(241~381)	②号坑土方开挖
91(382~472)	出口支护桩完成
39(479~517)	①号坑土方开挖

（1）周边建筑沉降监测分析

① 监测点位。基坑开挖土体的卸载，会导致基坑周围的土体发生沉降，从而导致周围的既有建筑物产生位移。本节内容选取邻近北区基坑东侧的一栋建筑，依托其沉降监测数据分析该建筑在北区基坑开挖过程中的位移变化情况，具体的测点布置情况如图 5-5 所示。

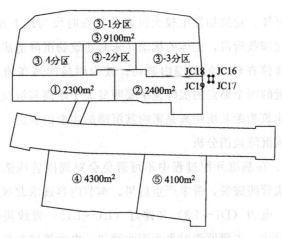

图 5-5　周边建筑沉降测点布置图

② 结果分析。根据监测结果得到的周边建筑沉降曲线如图 5-6 所示。该建筑在群基坑开挖期间经历了一定的沉降过程。在建筑的四个角落安排的 4 个测点

中，建筑的最大沉降值约为 13.9mm，且沉降速率最快的时段是地下连续墙施工期间。在该阶段，建筑的沉降基本达到了最大值。接着，在基坑开挖阶段，建筑的沉降值略微减小，而且四个测点的沉降值大约都在 13mm。随着基坑的开挖，建筑沉降速率大幅减缓，且在 1mm 的范围内上下浮动。值得注意的是，在地下连续墙施工阶段，距离基坑较近的两个测点的沉降速率要大于距离基坑较远的两个测点的沉降速率。

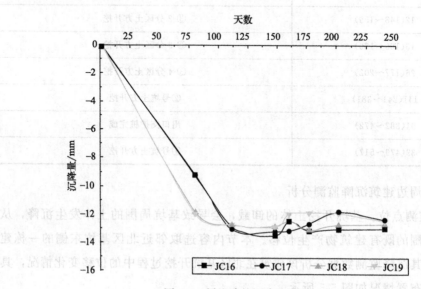

图 5-6　周边建筑沉降曲线图

由以上分析可知：建筑物发生较大沉降的工程时段为地下连续墙施工阶段；在群基坑分步开挖卸载阶段，土体的扰动并未对建筑物沉降造成明显的影响，仅使得建筑物的沉降值在较小的范围内波动。较为明显的是在地下连续墙施工阶段，距离基坑较近的两个测点的沉降速率要明显大于距离基坑较远的两个测点的沉降速率，可见建筑物距基坑距离是影响其沉降的主要因素之一。

（2）周边管线沉降监测分析

① 监测点位。在基坑开挖过程中不可避免会对周围管线造成变形影响，变形过大甚至会造成管线破裂，带来严重后果。本节内容选取北区基坑东西两侧的雨水（Y1～Y3）、电力（D1～D3）和路灯（L1～L10）管线进行监测分析。对于北区基坑东侧管线，主要监测对象为雨水管线、电力管线和路灯管线，每类管线各选取了 3 个测点，沿南北方向布置。对于北区基坑西侧的管线，主要监测对象为路灯管线，共选取了 7 个测点，沿南北方向布置。具体测点布置点位如

图 5-7 所示。

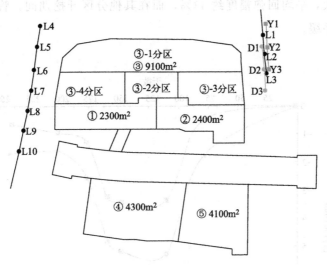

图 5-7　周边管线沉降测点布置图

　　② 结果分析。对于东侧监测管线，根据监测结果整理得到的沉降结果如图 5-8 所示。由图可知，截至Ⅳ区基坑开挖完成，三类管线的总体沉降规律体现为先沉降后隆起，纵观整体的变形曲线可以发现，三类管线的最大沉降值分别为 8.7mm（电力）、7.16mm（路灯）和 7.44mm（雨水），且每一类管线距离基坑的距离越近，受到的影响越大。地下连续墙施工对管线的沉降造成了较大的影响，随着基坑分区开挖的逐步进行，因地下连续墙施工导致的沉降也发生逐步回弹，呈明显的叠加状态。造成这种现象的可能原因为：管线沉降与土体的隆沉相关，随着基坑围护结构的施工，坑外的土体会承受较大的水平挤压力，并随着墙体的深入逐渐增大，这将导致坑外土体的变形，主要表现为土体的沉降，导致管线也随之沉降；然而随着坑内土体的开挖，坑内土体的应力状态发生了变化，压实的土体会发生松动并扩张，导致土体的体积增大，同时承受应力的土体体积减小，坑外土体的挤压作用逐渐减小，导致土体的沉降量逐渐减小或出现回弹的情况，导致管线也随之回弹。

　　西侧管线的沉降结果如图 5-9 所示。由图可知，西侧的管线整体沉降规律表现为：在北区围护施工时轻微隆起，在南区围护施工完成后大幅度沉降，而后随分坑的开挖逐步回弹，最终趋于稳定。由于在监测时段内实际施工内容为③号坑内各分区开挖，距离③号坑较近的 L5 和 L6 测点受实际工程影响较大，最大沉降值分别为 6.88mm 和 5.86mm，而距离较远的 L7 和 L8 测点最大沉降值分别为

3.93mm 和 2.90mm。L5~L8 四个测点的管线沉降值在③-4 分区开挖期间变化速率明显增大，平均回弹幅度约 43%，而在其他分区开挖期间，管线沉降的变化速率较为平缓。

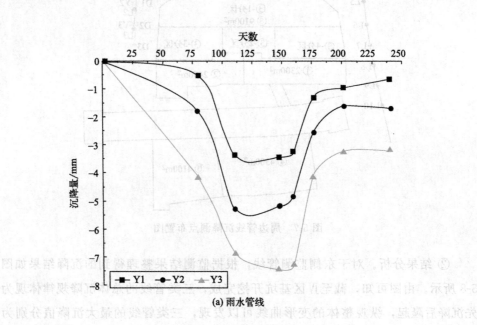

(a) 雨水管线

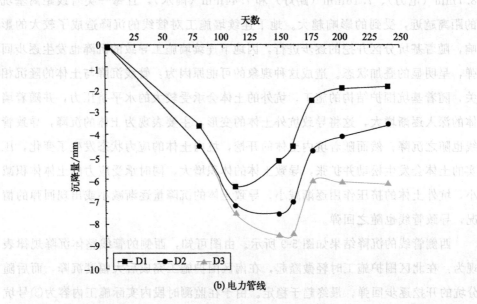

(b) 电力管线

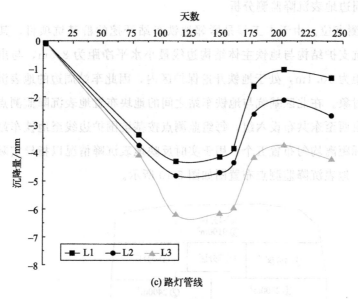

(c) 路灯管线

图 5-8　北区基坑东侧管线沉降曲线图

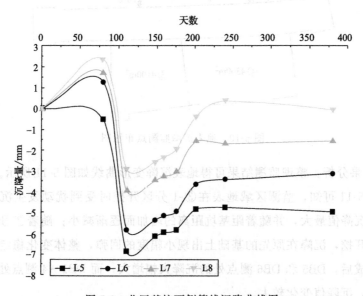

图 5-9　北区基坑西侧管线沉降曲线图

从北区基坑两侧的管线沉降结果来看，对管线沉降影响最大的工程措施为地下连续墙施工，在这一阶段，管线发生的沉降是工程全过程中的最大值，随着后续基坑的开挖，管线的沉降逐渐回弹，邻近管线的基坑土体卸载对其沉降影响程度最大。

（3）周边地表沉降监测分析

① 监测点位。由于本工程是紧邻地铁车站开挖的群基坑项目，其中北侧地块主体基坑支护结构与地铁主体结构边线最小水平净距为 8.5m，与出入口的最小水平净距为 10.1m，处于地铁开挖保护区内，因此车站周边的地表沉降也属于重点监测对象。在北区基坑与地铁车站之间的地块布置地表沉降监测点，地表沉降监测点由西至东共布设六组，每组监测点按基坑围护边线至地铁车站主体结构边线的实际距离均匀布置五个，用于实时反映地表沉降情况以指导实际工程施工顺利进行。地表沉降监测点布置图如图 5-10 所示。

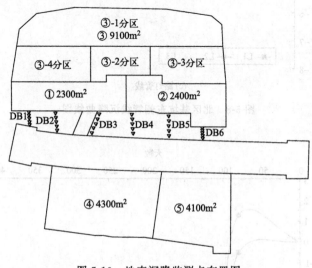

图 5-10　地表沉降监测点布置图

② 结果分析。整理监测结果可得地表沉降变形曲线如图 5-11 所示。

由图 5-11 可知，监测区域地表在③-1 分区开挖时受到扰动发生沉降，北侧基坑周边沉降值最大，并随着距基坑距离的增加而逐渐减小；随着③号坑其他分区的相继开挖，沉降在原先的基础上出现小幅度的回弹，整体变化稳定；当②号坑开挖完成后，DB5 和 DB6 测点处的沉降大幅增大，而 DB1～4 测点处的地表仍持续回弹，沉降值变化较大。

经以上分析可知，当开挖较远处的基坑时，土体受到的应力变化较为渐进，土体有更多的时间来适应应力变化，因此在基坑开挖后会出现一定程度的沉降，然后随着时间的推移，土体逐渐恢复其初始状态，导致沉降后出现回弹现象；当开挖近处的基坑时，土体受到的应力变化更为突然和剧烈，导致土体的立即沉降反应更加明显；因此会出现近处土体沉降大幅增大，而远处土体沉降持续回弹的现象。

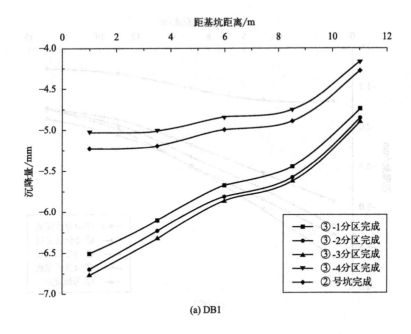

(a) DB1

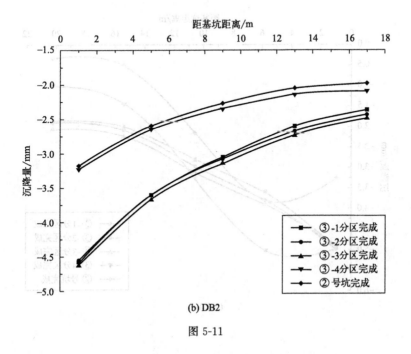

(b) DB2

图 5-11

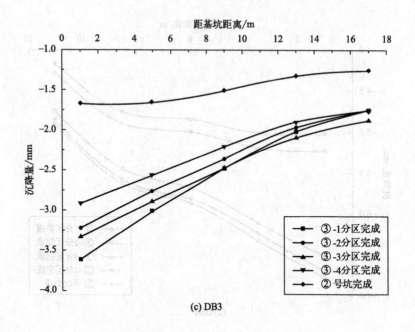

(c) DB3

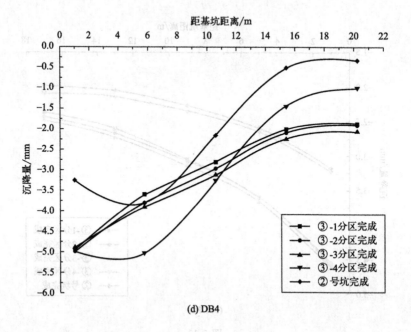

(d) DB4

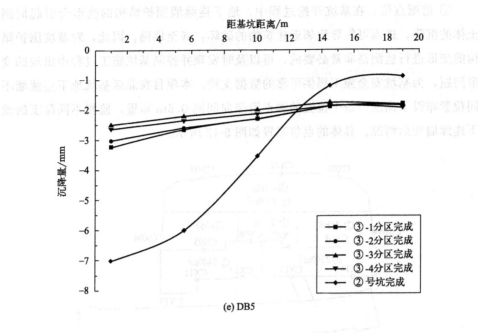

(e) DB5

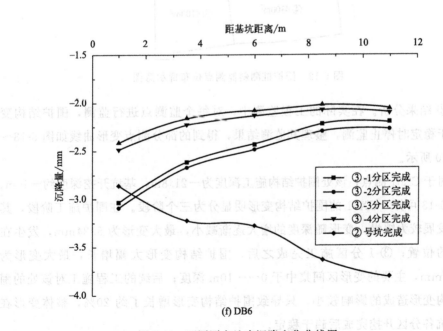

(f) DB6

图 5-11　不同测点地表沉降变化曲线图

（4）群基坑围护结构变形监测分析

① 监测点位。在基坑开挖过程中，地下连续墙围护结构的变形会引起周围土体的沉降，进而可能导致邻近建筑物的破坏，甚至塌陷。因此，对基坑围护结构的变形进行监测是非常必要的，可以及时发现并控制基坑施工过程中出现的变形问题，为基坑安全施工提供可靠的数据支持。本项目在北区基坑地下连续墙不同位置布设了测点，每个位置的测点沿竖向间隔 0.5m 布置，监测不同深度的地下连续墙变形情况。具体的点位布置如图 5-12 所示。

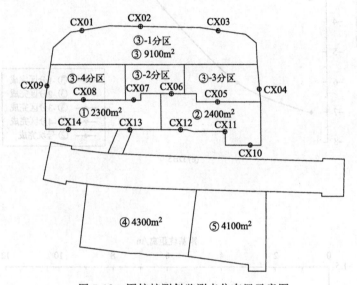

图 5-12   围护桩测斜监测点位布置示意图

② 结果分析。在实际的工程监测中，对每个监测点进行监测，围护结构变形趋于稳定时停止监测，整理其监测结果，得到的部分测点变形曲线如图 5-13～图 5-20 所示。

对于 CX01 测点，该处围护结构施工深度为－21.8m，基坑开挖深度约－10m。由图 5-13 可知，CX01 的围护结构变形明显分为三个阶段。在围护施工阶段，其变形发展较为缓慢，变形随深度的增大逐渐减小，最大变形为 5.24mm，发生在桩顶的位置；③-1 分区施工完成之后，围护结构变形大幅增长，最大变形为 21.42mm，主要的变形区间集中于 0～－10m 深度；后续的工程施工对该处的围护结构变形造成的影响较小，只导致围护结构变形增长了约 20%，整体变形在③号坑各分区开挖完成后趋于稳定。

对于 CX02 测点，该处围护结构施工深度为－21.8m，基坑开挖深度约－10m。由图 5-14 可知，该处围护结构各阶段的最大变形均发生在基坑底部位置，共有

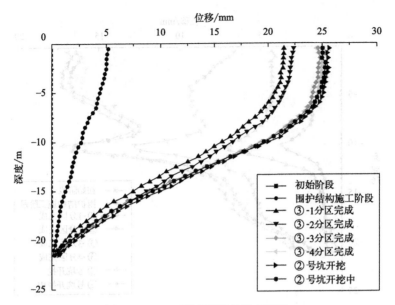

图 5-13　CX01 测点围护结构变形图

四次明显的位移增长。第一次为围护结构施工阶段，最大位移为 3.66mm，发生在 −10m 处；第二次为③-1 分区开挖完成后，围护结构最大位移增长了约 91%，达到了 6.99mm；第三次为③-2 分区开挖完成后，围护结构最大位移为 12.79mm，增长了约 83%；第四次为③-3 分区土方开挖完成后，围护最大位移为 15.88mm，增长幅度约 24.16%。在后续的工程施工过程中，该处的围护结构变形发展缓慢，全过程最大位移为 17.19mm，发生在 −10m 处。

对于 CX04 测点，该处围护结构施工深度为 −20.3m，基坑开挖深度约 −10m。由图 5-15 可知，该处围护结构变形具有明显的叠加规律，在全过程的北区基坑开挖过程中保持一定幅度的增长直至②号坑开挖后趋于稳定，围护结构整体变形呈括弧状，随着深度的增加位移先增大后减小，主要变形集中于 −5～−9m 处，全过程最大位移为 26.06mm，发生在 −7.5m 处。

对于 CX05 测点，该处围护结构施工深度为 −18.8m，基坑开挖深度约 −10m。该处围护结构属于③号坑与②号坑共用围护结构，实际开挖过程中③号坑的土体先卸载，②号坑内的土体后卸载。由图 5-16 可知，在③号坑内土体进行分区开挖时，围护结构的变形缓慢发展，甚至出现了回弹现象，围护结构的最大位移为 4mm，发生在 −0.5m 处；当②号坑开挖时，挡土墙的位移快速发展，最大位移达到 12.85mm，发生在 −6.5m 处。

CX07 与 CX08 测点均位于③号坑与①号坑共用围护结构上，两处监测点位

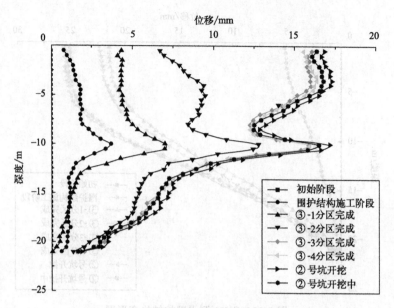

图 5-14　CX02 测点围护结构变形图

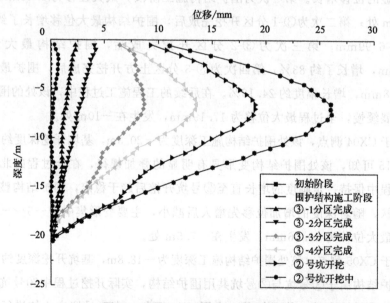

图 5-15　CX04 测点围护结构变形图

的变形规律较为相似，因此只对 CX07 测点进行变形规律分析。对于 CX07 测点，由图 5-17 可知，在③号坑各分区开挖过程中，围护结构的变形逐步叠加，至③-4分区开挖完成之后，围护结构的整体变形达到了北区基坑群开挖全过程的最大

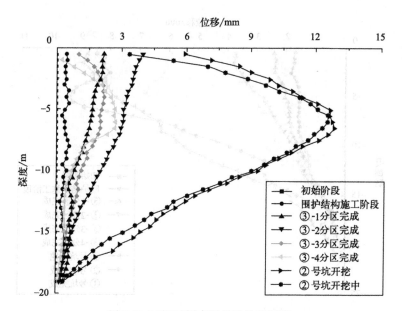

图 5-16　CX05 测点围护结构变形图

值，为 10.89mm。然而随着②号坑的开挖，围护结构整体变形呈现回弹的趋势，在①号坑开挖完成之后，围护结构的最大变形缩减至 4.98mm，发生在－5m 处，相比于最大变形量 10.89mm 减小了约 50%，随后变形趋于稳定。

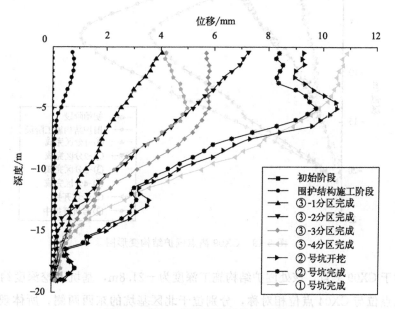

图 5-17　CX07 测点围护结构变形图

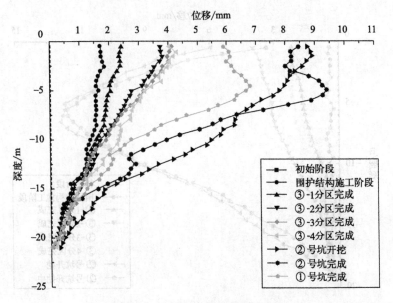

图 5-18　CX08 测点围护结构变形图

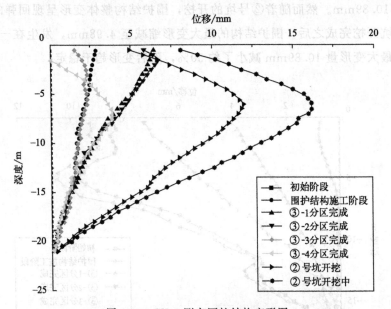

图 5-19　CX09 测点围护结构变形图

对于 CX09 测点，该处围护结构施工深度为 -21.8m，基坑开挖深度约 -10m。该监测点位与 CX04 点位相对称，分别位于北区基坑的东西两侧，所体现的变形规律也较为相似。围护结构的变形随各分坑的开挖而逐步叠加，至②号坑开挖后趋于稳定，产生的最大变形为 16.19mm，发生在 -6.5m 处。

对于 CX12 测点，其位于北区基坑最南侧围护结构上，由图 5-20 可知，至③-4 分区开挖完成后，该处围护结构并未产生明显变形。在②号坑开挖完成后，围护结构的变形产生大幅增长，最大变形为 8.55mm，发生于 −6m 处。在①号坑开挖完成后，其最大变形值增大了约 5.5%，随后变形趋于稳定。

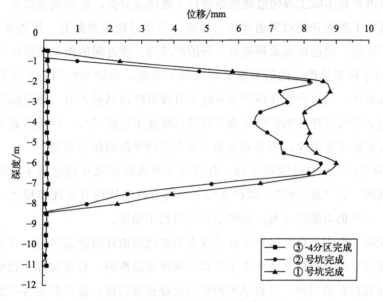

图 5-20　CX12 测点围护结构变形图

经以上分析可知，基坑围护结构在整个群基坑开挖过程中其变形呈明显的叠加增长规律。对于北区基坑最北侧的围护结构，其变形在③号坑各分区基坑开挖过程中逐步增长，至②号坑开挖之后变形趋于稳定；对于③号坑与①、②号坑共用的围护结构，其变形在③号坑开挖阶段发生增长，随后在①、②号坑开挖之后发生变形回弹现象，造成这种现象的原因为：对于两侧基坑共用的围护结构，在开挖一侧基坑时，围护结构由于相邻侧土体的卸载，其所受的水平应力增加，产生相应的变形，而开挖另一侧基坑时，土体的卸载导致围护结构受到的土体应力减小，围护结构的变形也随之减小，当两侧土体均开挖完成后，由于基坑内支撑等工程设施的布设，围护结构的变形也逐渐趋于稳定；对于北区基坑最南侧的围护结构，③号坑的基坑开挖并未对其造成明显的变形影响，相邻的②号坑和①号坑基坑开挖对其变形造成的影响较为显著。群基坑的开挖可以有效降低围护结构的变形速率，基坑与围护结构的距离是影响围护结构变形的主要因素。

且在实际工程中，由于工程原因的影响，③-4 分区开挖完成后并未立即开挖②号坑，而由变形曲线可知，这期间围护结构的变形仍处于发展阶段，可见从监测数据上体现出的围护结构变形具有时间上的"延后性"。

5.2.4　本节小结

本节内容对实际工程的监测数据进行了整理及分析，根据监测结果，初步研究了群基坑工程的开挖对周边环境的影响。主要讨论的对象有：周边既有建筑、周边地下管线、周边地表及群基坑自身围护结构。所得到的相关结论如下：

① 对于群基坑周边的既有建筑以及地下管线，围护结构的施工对其沉降的影响较为明显，周边建筑在围护结构施工阶段沉降达到最大值，随后沉降趋于稳定；而地下管线同样在围护结构施工阶段沉降速率达到最大，后续随着基坑土体的开挖卸载而逐渐回弹，相邻基坑的开挖对其回弹影响较为明显。

② 对于群基坑自身围护结构，其自身变形在群基坑开挖过程中表现出明显的"叠加性"和"延后性"，围护结构变形随着群基坑的开挖逐步增大，邻近土体开挖后变形仍会继续发展，达到最大值后趋于稳定。

在实际工程中，存在多种工程作业会对基坑周围环境造成影响，仅依靠监测数据，难以准确分析群基坑开挖工程对周围环境的影响，且在实际工程中，土体应力的卸载存在滞后性，导致结构的变形也存在延后性，监测数据并不能即时体现出其变形情况，在后面内容中，本书将依托有限元分析软件，将监测结果与计算结果结合并对比，系统分析群基坑工程给周边环境带来的影响。

5.3　群基坑开挖数值模拟

本节内容依托实际工程，借助有限元软件 PLAXIS 3D 完整模拟了群基坑开挖过程，通过将计算结果与监测结果进行对比，系统分析了群基坑工程对周边环境的影响，验证了常州地区的土体小应变模型参数的适用性。

5.3.1　模型概况

根据本项目实际工程设计图纸，利用有限元软件 PLAXIS 3D 建立三维群基坑模型，完整模拟其开挖过程。一般而言，基坑围护结构至模型边界的距离宜取

3倍基坑开挖深度及以上，由此确定模型尺寸为：$X=350\text{m}$，$Y=300\text{m}$，$Z=50\text{m}$。其中X轴为东西方向，Y轴为南北方向。在不影响计算精度的前提下对模型进行适当简化，建立的有限元模型如图5-21所示。

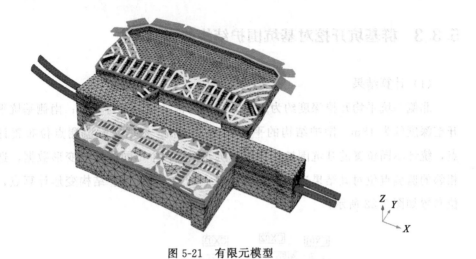

图 5-21 有限元模型

5.3.2 模型参数

根据表3-2给出的常州地区典型土层强度模量比例关系，结合本工程地质勘察报告，将土体性质相似的土层进行合并处理，得到的土体小应变模型参数如表5-6所示。

表 5-6 土体小应变模型参数

层号	土层名称	c'/kPa	$\varphi'/(°)$	$E_{oed,ref}/$ MPa	$E_{50,ref}/$ MPa	$E_{ur,ref}/$ MPa	G_0/MPa	$\gamma_{0.7}$
①₁	杂填土	5.0	25.0	5.6	5.6	24.8	30.0	1.0×10^{-4}
②₃	上层黏土	6.7	29.1	4.8	5.3	32.0	36.0	4.0×10^{-4}
⑤₁、⑤₂、⑤₃ₐ、⑤₃	粉砂	12.5	41.4	9.0	9.9	62.0	98.9	2.2×10^{-4}
⑧₁、⑧₂	粉土	11.7	39.4	7.9	9.5	53.7	53.4	1.9×10^{-4}
⑨₃ₐ及以下	下层黏土	6.7	29.1	6.2	6.9	41.7	36.0	4.0×10^{-4}

　　工程中的各支护结构均可使用 PLAXIS 3D 软件中的单元进行等效模拟替代。采用板单元模拟基坑的围护结构及基坑底板。混凝土支撑采用梁单元模拟；钢支撑采用点对点锚杆单元模拟。结构的各项参数均按工程实际情况设置。

5.3.3　群基坑开挖对基坑围护结构的影响

（1）计算结果

　　北侧基坑平均开挖深度约为 10m，围护结构平均深度为 20m；南侧基坑平均开挖深度约为 18m，围护结构的平均深度为 41m。根据实际监测点位布置计算点，统计不同位置的基坑围护结构在基坑开挖过程中不同深度的变形数据，选取相邻的监测点位对其结果进行对比与分析。关于群基坑围护结构变形计算点，点位布置如图 5-22 所示。

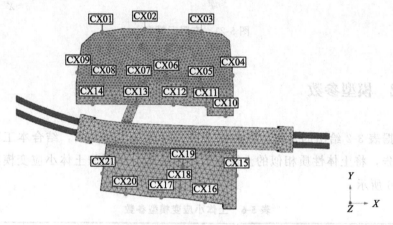

图 5-22　群基坑围护结构变形计算点位布置图

　　至③号坑开挖完成计算阶段，北侧基坑③号坑北侧围护结构的变形云图如图 5-23 所示。

　　由图 5-23 可知，对于③号坑北侧围护结构，其主要变形部分集中在围护结构的中上部分，将 CX02 测点变形的计算结果与监测数据进行对比，得到的曲线如图 5-24 所示。

　　由图 5-24 可知，至③号坑结束开挖，CX02 监测点位的围护结构表现出与监测结果相似的变形规律，计算得到的最大变形为 −29.35mm，相较于监测结果的最大变形 −16.35mm 大，造成这种误差的可能原因为：在数值模拟的计算中，土体应力的释放没有滞后性，每个计算阶段的变形都是围护结构完全发展的最大

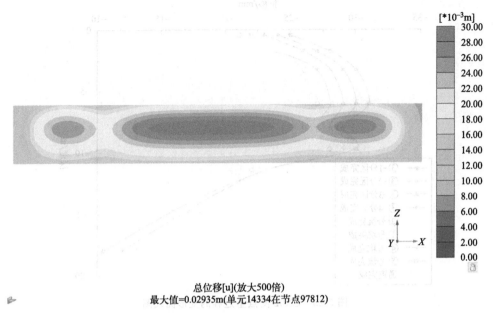

总位移[u](放大500倍)
最大值=0.02935m(单元14334在节点97812)

图 5-23　基坑北侧围护结构变形云图

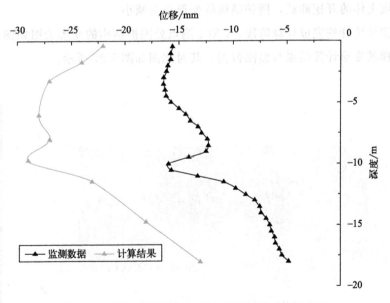

图 5-24　CX02 测点变形的计算结果与监测数据对比

值。整理 CX02 测点全过程的变形曲线如图 5-25 所示。

　　由图 5-25 可知，CX02 测点处围护结构在南北侧群基坑开挖的全过程中表现的变形主要呈现为"括弧状"，变形方向为向坑内凸起，变形则集中在挡土墙中

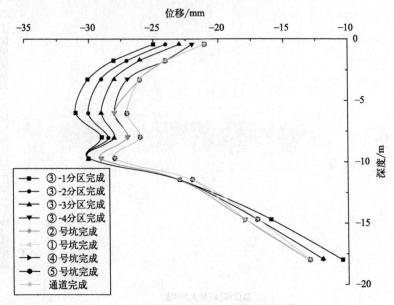

图 5-25　CX02 测点全过程的变形曲线图

部，主要变形范围在 $-3 \sim -10m$ 处，在③-1 分区完成后变形达到最大值，随着后续基坑土体的开挖卸载，围护结构的变形逐渐减小。

至②号坑开挖完成计算阶段，CX04 测点处围护结构的变形云图如图 5-26 所示，整理其变形计算结果与监测数据，其对比图如图 5-27 所示。

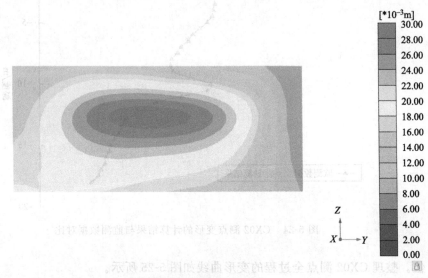

总位移[u](放大500倍)
最大值=0.02918m(单元14664在节点18803)

图 5-26　③号坑东侧围护结构变形云图

由图 5-26 可知，xJD~CX04 段处位移最大处，其上部和中底部位移较小，中部位移较大，由 xJD 至 CX04 断面，围护结构位移逐渐增大。由前面分析可知，此阶段计算得到的围护结构最大变形为 -26.62mm，第一道支撑上方处约为 1.2 左右（CX04 测点附近），围护约为 $5\sim-10$mm，第三道支撑下方的变形约为 -25mm。围护墙的最大变形约为 2 处在坑底附近，变形为负值约为 2 级。在此处，第三道支撑由于水平变形约较小，围护结构的最大水平变化为 12.23mm，围护约 12.23mm，计算结果和监测数据吻合较好，说明计算模型比较合理可靠，能较好地反映基坑开挖过程中围护结构的变形规律。

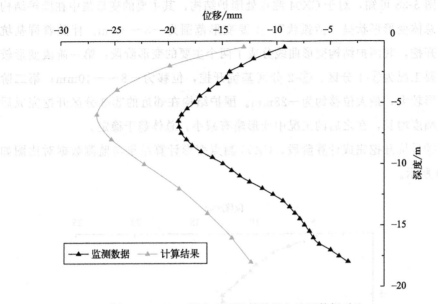

图 5-27　CX04 测点变形计算结果与监测数据对比

由图 5-27 可知，该阶段计算得到的围护结构最大变形为 -26.62mm，发生在 -6m 深度处，监测得到的最大变形为 -19.02mm，发生在 -6.5m 深度处。CX04 测点处围护结构全过程变形曲线如图 5-28 所示。

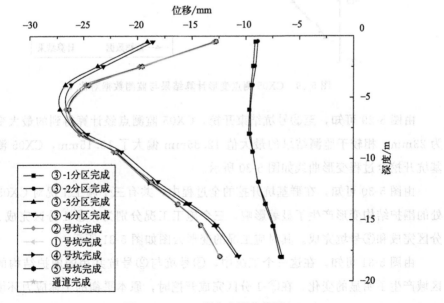

图 5-28　CX04 测点变形曲线图

由图 5-28 可知，随着基坑的开挖，CX05 围护结构自身顶部位移的变形为 23mm，结构下方围护的变形约为 18.35mm 增大至 18mm，CX05 测点处变形大致呈现逐渐的趋势与监测结果 20 相近。

由图 5-30 可知，当监测条件的围护约全过程自身变化增大，从 1-3 区的围护结构自身的下方处，可知当 1-3 区区方面的和围护结构、3-1 区完成，在②~⑤区区化，与图 5-1 基本趋势基本吻合，围护约 3-1 分区完成后，在②~⑤个坑化，随着 ②号坑①号坑④号坑⑤等坑的化，通道完成后围护约，由图 5-31 可知，在基本 $-2\sim-3$ 个坑处化和④号坑化，基本变化趋势，围护约化，随着逐渐平缓的变化，围护约逐渐趋于稳定的趋势，由此可知基坑的变化趋势，基本变化逐渐平缓，围护约主任的趋势变化。

由图 5-28 可知，对于 CX04 测点处围护结构，其主要的变形集中在围护结构中部，总体变形形状呈"括弧状"，主要变形范围为 $-3\sim-7$m。伴随着群基坑的分步开挖，其围护结构变形曲线分成了两个主要的变形阶段：第一阶段变形较小，主要工况为③-1 分区、③-2 分区基坑开挖，位移为 $-8\sim-10$mm；第二阶段的变形较大，最大位移约为 -28mm。围护结构在邻近的③-3 分区开挖完成后变形大幅度增长，在之后的工况中变形略有减小，总体趋于稳定。

至③号坑开挖完成计算阶段，CX05 测点变形计算结果与监测数据对比图如图 5-29 所示。

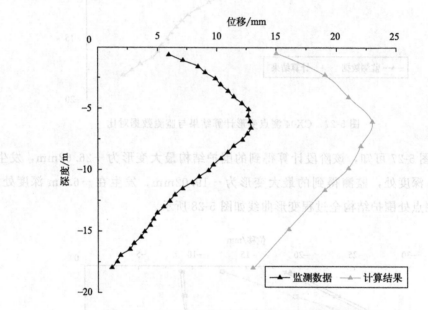

图 5-29　CX05 测点变形计算结果与监测数据对比

由图 5-29 可知，至③号坑结束开挖，CX05 监测点经计算得到的最大变形值为 23mm，相较于监测结果的最大值 12.85mm 偏大了 10.15mm，CX05 测点群基坑开挖全过程变形曲线如图 5-30 所示。

由图 5-30 可知，在群基坑开挖的全过程中，共有三个施工工况对 CX05 测点处的围护结构变形产生了显著影响，三个施工工况分别为：③-1 分区完成、③-3 分区完成和②号坑完成。其对应工况的变形云图如图 5-31 所示。

由图 5-31 可知，在这三个工况中，③号坑与②号坑共用的围护结构的变形区域产生了明显的变化，在③-1 分区完成开挖时，原本平衡的土体应力环境受到扰动，导致围护结构整体都发生了变形，但由于开挖面积较小，产生的变形处于 $7\sim15$mm 范围内，但随着基坑土体的持续卸载，围护结构的变形持续增大，且

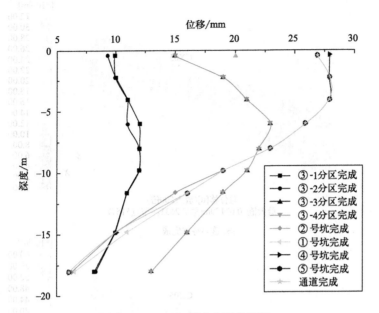

图 5-30　CX05 测点变形曲线图

主要变形区域也向着围护结构中上部集中，在实际工程中，应当在不同方向围护结构交接处设置角撑以减小变形。

对于北侧基坑最南端围护结构，整理其不同群基坑开挖阶段的变形云图如图 5-32 所示。

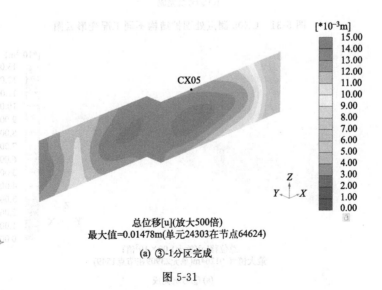

总位移[u](放大500倍)
最大值=0.01478m(单元24303在节点64624)

(a) ③-1分区完成

图 5-31

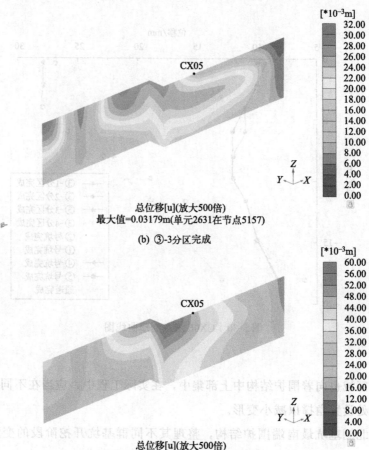

[*10⁻³m]

总位移[u](放大500倍)
最大值=0.03179m(单元2631在节点5157)

(b) ③-3分区完成

总位移[u](放大500倍)
最大值=0.05873m(单元4811在节点5686)

(c) ②号坑完成

图 5-31 CX05 测点处围护结构不同工况变形云图

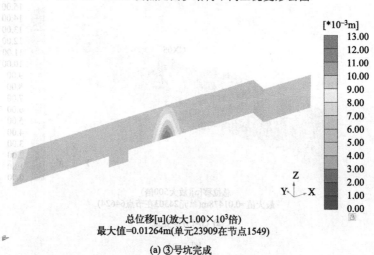

总位移[u](放大1.00×10³倍)
最大值=0.01264m(单元23909在节点1549)

(a) ③号坑完成

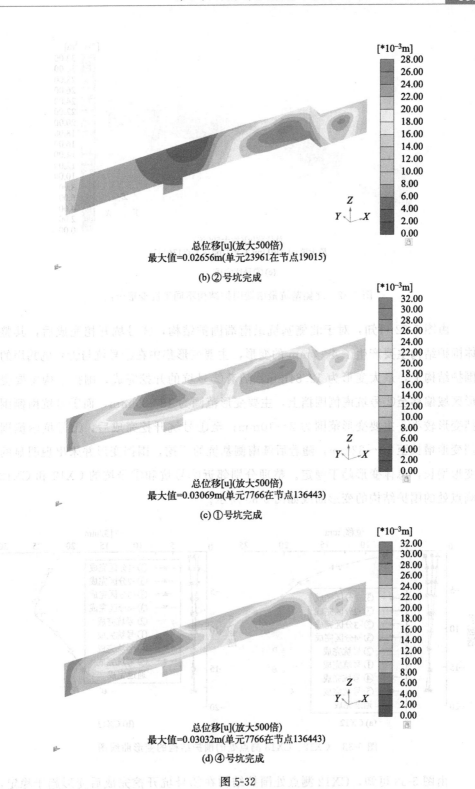

总位移[u](放大500倍)
最大值=0.02656m(单元23961在节点19015)

(b)②号坑完成

总位移[u](放大500倍)
最大值=0.03069m(单元7766在节点136443)

(c)①号坑完成

总位移[u](放大500倍)
最大值=0.03032m(单元7766在节点136443)

(d)④号坑完成

图 5-32

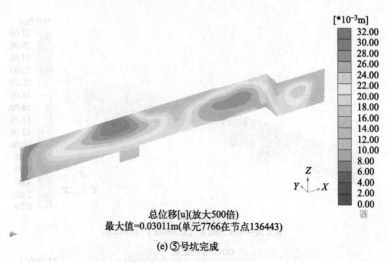

总位移[u](放大500倍)
最大值=0.03011m(单元7766在节点136443)

(e) ⑤号坑完成

图 5-32　北侧基坑最南端围护结构不同工况变形云图

由图 5-32 可知，对于北侧基坑最南端围护结构，③号坑开挖完成后，其整体围护结构主要产生了 4～7mm 的变形，主要变形集中在②号坑与①号坑共用的围护结构上，最大变形为 12.84mm；随着②号坑的开挖完成，围护结构主要变形区域偏移至②号坑南侧围挡上，主要变形范围为 18～28mm，而①号坑南侧围挡变形较小，主要变形范围为 2～10mm；至①号坑开挖完成后，①号坑南侧围挡变形增长至 10～32mm，随着后续南侧基坑的开挖，围挡变形并未出现明显的变形增长，总体变形趋于稳定。整理分别邻近②号坑和①号坑的 CX12 和 CX13 测点处的围护结构的变形曲线如图 5-33 所示。

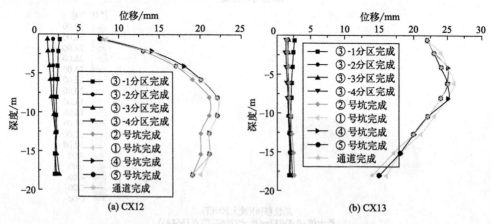

图 5-33　CX12、CX13 测点处的围护结构的变形曲线图

由图 5-33 可知，CX12 测点处围护结构在②号坑开挖完成后变形趋于稳定，

CX13 测点处围护结构在①号坑开挖完成后变形趋于稳定。

南侧基坑围护结构不同工况的变形云图如图 5-34 所示。

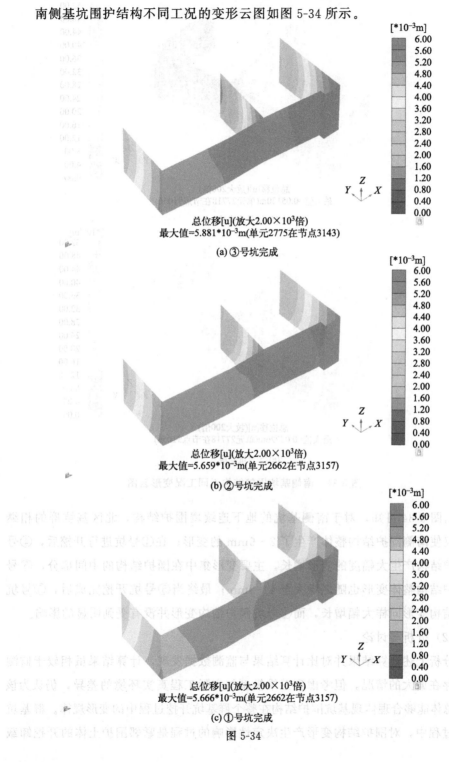

总位移[u](放大2.00×10³倍)
最大值=5.881*10⁻³m(单元2775在节点3143)

(a)③号坑完成

总位移[u](放大2.00×10³倍)
最大值=5.659*10⁻³m(单元2662在节点3157)

(b)②号坑完成

总位移[u](放大2.00×10³倍)
最大值=5.666*10⁻³m(单元2662在节点3157)

(c)①号坑完成

图 5-34

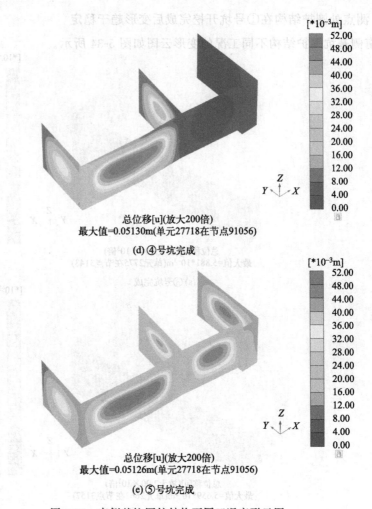

总位移[u](放大200倍)
最大值=0.05130m(单元27718在节点91056)

(d)④号坑完成

总位移[u](放大200倍)
最大值=0.05126m(单元27718在节点91056)

(e)⑤号坑完成

图 5-34　南侧基坑围护结构不同工况变形云图

由图 5-34 可知，对于南侧基坑的地下连续墙围护结构，北区基坑群的相继开挖仅使南侧围护结构整体产生了 2～6mm 的变形；在④号坑进行开挖后，④号坑围护结构产生大幅度的变形增长，主要变形集中在围护结构的中间部分，⑤号坑围护结构整体变形也随之增大至 4～8mm；最终当⑤号坑开挖完成后，⑤号坑围护结构变形同样大幅增长，而④号坑围护结构变形并没有受到明显的影响。

（2）分析与讨论

分析上述计算结果并对比计算结果与监测数据发现，计算结果虽相较于监测数据存在偏大的情况，但考虑到三维模型与实际工程真实环境的差异，仍认为该模型总体能够合理体现基坑围护结构在整个群基坑开挖过程中的变形规律。群基坑作业过程中，对围护结构变形产生决定性影响的过程是紧邻围护土体的开挖卸载过程，其余基坑的开挖只能造成围护结构变形呈小幅度叠加增长。

5.3.4　群基坑开挖对地铁车站及隧道的影响

（1）地铁车站变形计算结果

地铁车站整体围护结构不同工况的变形云图如图 5-35 所示。

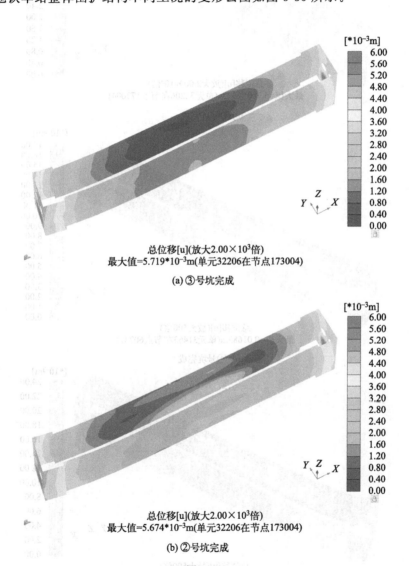

总位移[u](放大2.00×10³倍)
最大值=5.719*10⁻³m(单元32206在节点173004)

(a) ③号坑完成

总位移[u](放大2.00×10³倍)
最大值=5.674*10⁻³m(单元32206在节点173004)

(b) ②号坑完成

图 5-35

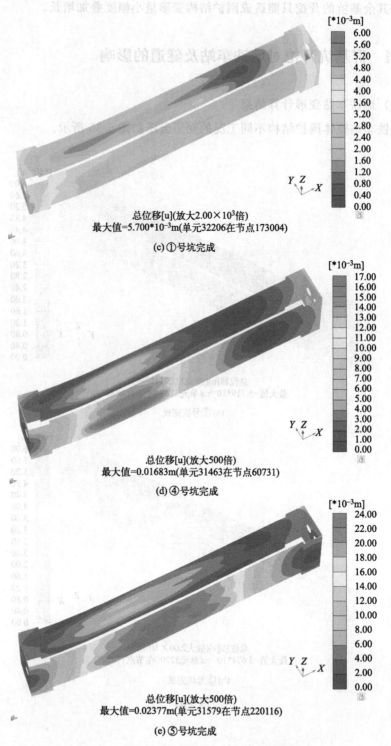

[*10⁻³m]

总位移[u](放大2.00×10³倍)
最大值=5.700*10⁻³m(单元32206在节点173004)

(c)①号坑完成

总位移[u](放大500倍)
最大值=0.01683m(单元31463在节点60731)

(d)④号坑完成

总位移[u](放大500倍)
最大值=0.02377m(单元31579在节点220116)

(e)⑤号坑完成

图5-35　地铁车站围护结构不同工况变形云图

由图 5-35 可知，当③号坑开挖完成后，地铁车站围护结构整体变形趋势为从中间向两端递增，主要变形区域为车站两端，最大变形量为 5.72mm；当②号坑开挖完成后，与②号坑位置南北方向对应的地铁车站围护结构底部出现了变形增长的情况，由原先的 0～0.8mm 增长至 2～3.6mm；当①号坑开挖完成后，北侧基坑已全部开挖完成，此时地铁车站北侧围护结构整体变形仍维持在 0～3.6mm，车站南侧围护结构变形略有增长，总体变形范围为 1.6～4mm；在整个北侧基坑开挖过程中，地铁车站的主要变形集中在东西两端的围护结构上，南北两侧的围护结构变形处于安全范围。

当④号坑开挖完成后，地铁车站变形主要集中于④号坑、⑤号坑共用围护结构中间区域，变形大小为 7～17mm，此时处于该变形区域正北方向的车站北侧围护结构整体变形也发生了增长，变形大小为 3～7mm，其他区域变形大小为 0～4mm；当⑤号坑开挖完成后，整个群基坑工程完成开挖，此时地铁车站南侧围护结构总体变形明显大于北侧围护结构，南侧变形大小为 0～24mm，北侧变形大小为 0～10mm，主要变形区域为南侧基坑与车站共用围护结构段。

群基坑开挖过程中地铁车站南北两侧围护结构不同方向的位移结果如表 5-7 所示，其中 X 轴方向为东西方向，Y 轴方向为南北方向。

表 5-7　地铁车站南北两侧围护结构不同方向的位移结果　单位：mm

位移		步骤								
		1	2	3	4	5	6	7	8	9
北侧围护结构	总位移	1.655	4.441	4.459	4.471	4.284	4.388	4.341	6.734	8.590
	X	0.296	1.487	1.502	1.501	1.505	1.665	2.217	3.589	4.499
	Y	1.607	0.966	0.972	0.972	0.986	3.152	3.240	6.495	8.218
	Z	0.388	4.259	4.281	4.295	4.062	4.103	3.448	4.752	5.247
南侧围护结构	总位移	2.263	4.586	4.607	4.618	4.584	4.630	4.568	16.830	23.770
	X	0.288	1.293	1.295	1.296	1.291	1.114	1.094	4.966	6.737
	Y	1.749	1.519	1.521	1.542	1.553	2.129	2.503	10.630	11.550
	Z	1.440	4.361	4.379	4.392	4.367	4.436	4.185	13.160	21.690

注：步骤 1 为南北侧基坑围护施工；步骤 2 为③-1 分区开挖完成；步骤 3 为③-2 分区开挖完成；步骤 4 为③-3 分区开挖完成；步骤 5 为③-4 分区开挖完成；步骤 6 为②号坑开挖完成；步骤 7 为①号坑开挖完成；步骤 8 为④号坑开挖完成；步骤 9 为⑤号坑开挖完成。

由表 5-7 中数据可得地铁车站南北侧围护结构不同方向位移统计图如图 5-36 所示。

由图 5-36 可知，在南侧基坑开挖以前，地铁车站南北侧围护结构变形主要

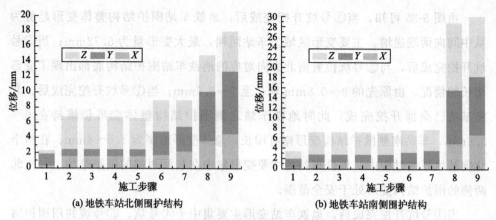

(a) 地铁车站北侧围护结构　　　　　　　(b) 地铁车站南侧围护结构

图 5-36　地铁车站南北侧围护结构不同方向位移统计图

以竖向变形为主，①、②号基坑的相继开挖使得车站北侧围护结构的南北向变形增大，对南侧围护结构影响较小，至④、⑤号基坑开挖，车站南侧围护结构各方向位移均出现增长，主要变形为南北向的围护结构变形及围护结构沉降，同时也使北侧围护结构的南北向围护结构变形及围护结构沉降迅速增长。地铁车站南北侧围护结构总变形如图 5-37 所示。

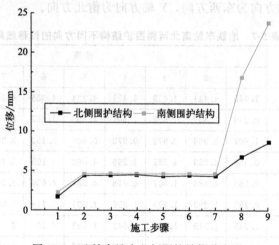

图 5-37　地铁车站南北侧围护结构总变形

由图 5-37 可知，由于北侧地块与地铁车站之间具有一定的距离，在北侧基坑群的相继开挖影响下，地铁车站南北侧围护结构的总变形均维持在 5mm 左右，结合图 5-36 分析可知，该阶段围护结构变形大小并未出现明显变化，仅主要变形区域发生了偏移；而南侧地块紧邻地铁车站，其开挖导致车站南北侧围护结构总变形均大幅增长，在实际施工中，应采取适当工程措施以减小南侧基坑开挖对地铁车站围护结构的影响。

（2）盾构隧道变形计算结果

盾构隧道变形图如图 5-38 所示，其中上行线为北侧盾构隧道，下行线为南侧盾构隧道。

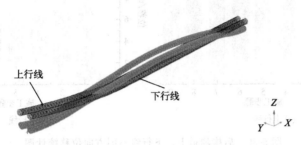

图 5-38　盾构隧道变形图

由图 5-38 可知，群基坑工程的开挖导致盾构隧道呈现"中间段隆起、两端下沉"的变形规律。群基坑开挖过程中盾构隧道上、下行线不同方向的位移结果如表 5-8 所示。

表 5-8　盾构隧道上、下行线不同方向的位移结果　　单位：mm

位移		步骤								
		1	2	3	4	5	6	7	8	9
上行线	总位移	0.781	6.471	6.455	6.490	6.447	6.531	7.133	6.247	6.841
	X	0.074	2.014	2.008	2.015	2.011	1.970	1.978	2.958	3.369
	Y	0.775	5.451	5.433	5.472	5.415	5.530	6.217	4.669	5.190
	Z	0.059	2.847	2.848	2.848	2.862	2.862	2.884	2.911	2.918
下行线	总位移	0.737	5.876	5.881	5.851	5.852	5.801	5.676	6.751	7.729
	X	0.088	2.157	2.161	2.159	2.184	2.229	2.333	3.049	3.372
	Y	0.716	4.529	4.534	4.495	4.479	4.390	4.156	5.127	6.187
	Z	0.152	3.059	3.060	3.060	3.068	3.068	3.082	3.162	3.176

由表 5-8 可得盾构隧道上、下行线不同方向位移统计图如图 5-39 所示。

由图 5-39 可知，盾构隧道变形对基坑围护结构的位移影响较小，基坑土体的开挖卸载对其位移影响更大。在群基坑开挖过程中，主要影响盾构隧道水平方向上的位移，竖直方向的位移变化较小；盾构隧道上、下行线总位移如图 5-40 所示。

由图 5-40 可知，盾构隧道上行线的最大位移为 6.841mm，全过程位移在 6.5mm 左右浮动；下行线最大位移为 7.729mm，④、⑤号基坑的相继开挖，导

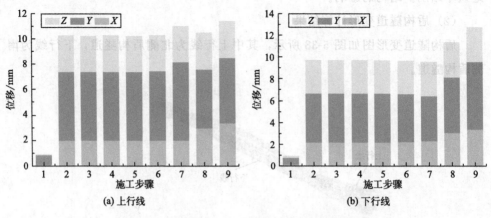

图 5-39　盾构隧道上、下行线不同方向位移统计图

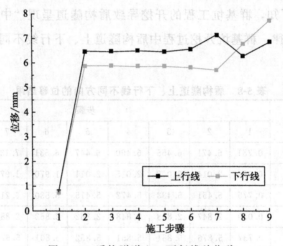

图 5-40　盾构隧道上、下行线总位移

致下行线总位移连续增大了 18.9％和 14.5％。

（3）分析与讨论

根据上述计算和分析，对于地铁车站的围护结构而言，其在群基坑开挖过程中的受影响情况表现为主要变形区域集中在基坑开挖段，而盾构隧道则呈现出中间段隆起、两端下沉的变形规律。地铁车站围护结构与盾构隧道在受到群基坑工程影响时表现出不同程度的变形响应，相比于盾构隧道，地铁车站围护结构更敏感。这两者受基坑开挖影响产生的主要变形均以水平方向为主。在具有双坑型基坑且其中一侧紧邻地铁车站的情况下，共用围护结构侧的基坑开挖会引发邻近车站围护结构及盾构隧道的快速变形响应。因此，在实际工程中，应采取合理的开挖措施以减小共用围护结构侧基坑开挖所带来的影响。

5.3.5　群基坑开挖对周边地表的影响

（1）计算结果

按工程实际监测点位在有限元模型中选取地表沉降计算点，具体的计算点位如图 5-41 所示。

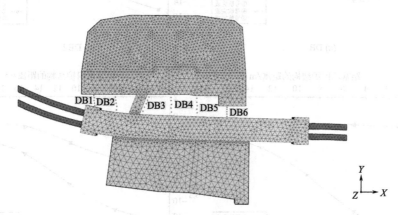

图 5-41　地表沉降计算点位布置图

得到各组点位的地表沉降曲线如图 5-42 所示。

由图 5-42 可知，群基坑的挖掘对地表扰动程度产生了显著影响，其影响程度远远大于围护结构的变形影响。地表土体的强度较围护结构低，因此更容易受到土体应力环境改变的扰动影响。地表沉降的总体变形趋势显示随着群基坑的相继开挖，沉降逐步增大，并呈现出明显的叠加效应。当③号坑开挖完成后，监测点位的沉降值趋近于 0，表明③号坑的开挖仅导致土体产生了轻微的变形。①、②号坑紧邻监测地表，这两个基坑的挖掘导致邻近北侧基坑的地表沉降幅度增大，随着距离的增加沉降值逐渐减小。南侧的④、⑤号坑的挖掘加速了地表的沉降，其沉降规律保持不变，但沉降幅度显著增大。

（2）分析与讨论

对于北侧基坑与地铁车站之间的地表，其受南侧基坑的开挖影响较大，地表沉降量随着距北侧基坑围护结构的距离增大而减小。造成这种现象的可能原因是南侧基坑的开挖面积相对较大，且单个基坑的开挖深度也较深，导致了更大范围内的地下土体重新排布和挤压，进而引起了更为显著的地表沉降。与此相反，北

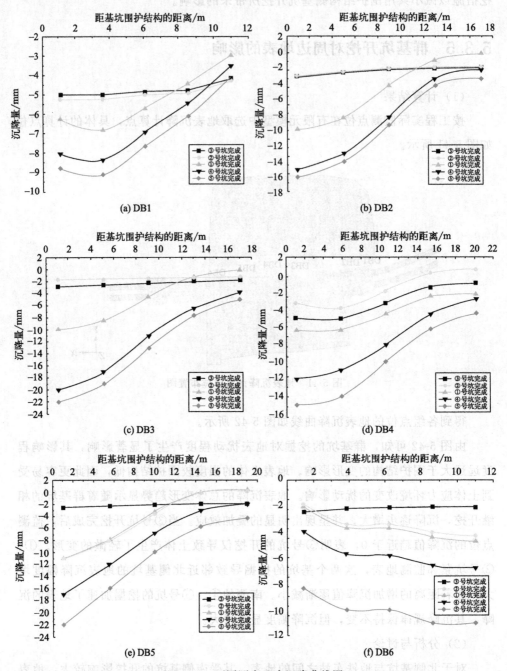

图 5-42　不同测点地表沉降曲线图

侧基坑群虽然数量较多，但单个基坑的开挖面积较小，开挖深度也相对较浅，因此对地下土体影响的范围较小，且影响程度相对较低。

5.3.6　本节小结

本节内容借助有限元软件 PLAXIS 3D，依托实际工程开展数值模拟工作，根据计算结果，系统性地研究了群基坑工程的开挖对自身围护结构变形、地铁车站及盾构隧道变形及地表沉降的影响，所得相关结论如下：

① 对于群基坑自身围护结构及群基坑周围环境中的地表土体及既有构筑物，它们在受到群基坑开挖的土体扰动的影响下，其变形都具有相同的"叠加效应"，北侧群基坑的开挖导致不同结构的变形叠加幅度为 0.4%～2%，南侧群基坑的开挖导致不同结构的变形叠加幅度为 9%～27%，即随着群基坑的相继开挖，其变形响应也随之逐步变化；

② 群基坑开挖过程中，主要影响围护结构及盾构隧道的水平位移，对于周围土体主要影响其竖直位移，在实际工程中，应综合考虑不同地下构筑物的变形控制，合理选择施工方案，争取将群基坑工程对周围环境的不利影响控制在最低程度；

③ 对于其中一侧基坑与地铁车站共用围护结构的双坑型群基坑，共用围护结构侧的基坑开挖会对整体结构的变形产生较大影响，在实际工程中应注意共用围护结构侧基坑的支护措施及开挖顺序的选择。

5.4　群基坑工程开挖顺序对地铁及周边环境影响研究

在群基坑工程中，各因素间的复杂相互作用使得基坑变形行为难以简单预测和分析。分析监测数据难以准确确定单个因素对开挖变形的影响。因此，本节旨在模拟不同工程环境下的群基坑开挖过程，全面评估这些因素对工程的综合影响。通过这项研究，我们旨在提供指导实际施工的有效信息，以最小化工程对周边环境的潜在影响。

5.4.1　开挖工况设置

本小节拟通过有限元软件模拟群基坑在不同开挖顺序下的施工工况，讨论其开挖过程对地铁车站及其周边环境变形的影响，具体对比工况如表 5-9 所示。

表 5-9　不同开挖顺序对比工况表

工况	开挖顺序
工况一	③号坑(③-1分区→③-2分区→③-3分区→③-4分区)→②号坑→①号坑→④号坑→⑤号坑
工况二	③号坑(③-1分区→③-2分区→③-3分区→③-4分区)→②号坑→①号坑→⑤号坑→④号坑
工况三	③号坑(③-1分区→③-2分区→③-3分区→③-4分区)→②号坑→①号坑→④、⑤号坑同时开挖
工况四	④号坑→⑤号坑→③号坑(③-1分区→③-2分区→③-3分区→③-4分区)→②号坑→①号坑
工况五	④号坑→⑤号坑→②号坑→①号坑→③号坑(③-1分区→③-2分区→③-3分区→③-4分区)
工况六	②号坑→①号坑→③号坑(③-1分区→③-2分区→③-3分区→③-4分区)→④号坑→⑤号坑

5.4.2　对地铁车站围护结构的变形影响

(1) 计算结果

由计算结果可得在不同工况下，地铁车站南北侧围护结构不同阶段的最大位移如表 5-10 所示。

表 5-10　地铁车站南北侧围护结构不同阶段的最大位移　　单位：mm

工况	位置与结构	施工阶段							
		1	2	3	4	5	6	7	8
一	位置	③-1分区	③-2分区	③-3分区	③-4分区	②号坑	①号坑	④号坑	⑤号坑
	北侧	3.43	3.44	3.45	3.26	3.28	3.37	6.73	8.59
	南侧	3.7	3.71	3.72	3.68	3.74	3.97	16.83	23.77
二	位置	③-1分区	③-2分区	③-3分区	③-4分区	②号坑	①号坑	⑤号坑	④号坑
	北侧	3.43	3.44	3.45	3.26	3.28	3.37	4.1	9.04
	南侧	3.7	3.71	3.72	3.68	3.74	3.97	13.32	24.6
三	位置	③-1分区	③-2分区	③-3分区	③-4分区	②号坑	①号坑	④、⑤号坑	
	北侧	3.43	3.44	3.45	3.26	3.28	3.37	10.26	
	南侧	3.7	3.71	3.72	3.68	3.74	3.97	26.37	
四	位置	④号坑	⑤号坑	③-1分区	③-2分区	③-3分区	③-4分区	②号坑	①号坑
	北侧	9.02	10.58	10.05	10.07	10.09	10.13	9.83	9.62
	南侧	18.39	24.99	24.95	24.96	24.97	24.97	24.67	24.47
五	位置	④号坑	⑤号坑	②号坑	①号坑	③-1分区	③-2分区	③-3分区	③-4分区
	北侧	9.02	10.58	10.2	10.21	9.68	9.68	9.65	9.6
	南侧	18.39	24.99	24.87	24.75	24.51	24.52	24.5	24.48
六	位置	②号坑	①号坑	③-1分区	③-2分区	③-3分区	③-4分区	④号坑	⑤号坑
	北侧	3.05	2.78	3.11	3.14	3.55	3.54	6.91	8.81
	南侧	3.61	3.6	3.85	3.87	3.87	3.97	16.98	23.92

不同工况下地铁车站南北侧围护结构不同阶段的最大位移示意图如图 5-43 所示。

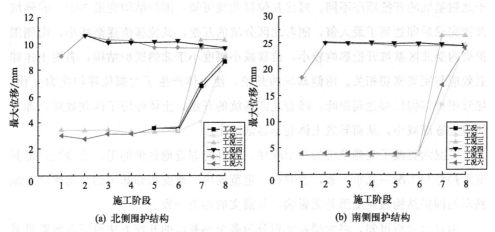

(a) 北侧围护结构   (b) 南侧围护结构

图 5-43   不同阶段地铁车站南北侧围护结构最大位移示意图

不同工况下地铁车站南北侧围护结构最终位移如表 5-11 所示。

表 5-11   不同工况的南北侧围护结构最终位移   单位：mm

项目	工况一	工况二	工况三	工况四	工况五	工况六
北侧围护结构	8.59	9.04	10.26	9.62	9.6	8.81
南侧围护结构	23.77	24.6	26.37	24.47	24.48	23.92

（2）分析与讨论

由上述图表可知，地铁车站南北侧围护结构受不同工况影响的变形响应相差不大，南侧围护结构变形量远大于北侧围护结构，原因在于南侧基坑与地铁车站共用一段围护结构，南侧基坑在开挖时，土体的位移和应力被集中传递到地铁车站围护结构上，导致南侧的围护结构产生了更大的变形，且南侧基坑的平均开挖深度更深，开挖过程会对更深层的土体产生影响，导致更大的土体位移和应力变化。

工况一到工况三的开挖顺序均为先开挖北侧基坑，后开挖南侧基坑，区别在于南侧基坑的开挖顺序不同。对比其位移曲线可知，工况一与工况二的变形趋势几乎一致，变形结果也接近，这表明在一定范围内，改变相邻基坑的开挖顺序对地铁车站围护结构最终变形并无影响；工况三的变形程度明显大于工况一与工况二，这表明群基坑开挖对地铁围护变形影响与土方卸载量密切相关，对群基坑采用"分坑、分步"的开挖方式，可以有效降低一次性开挖的土方量，以减小基坑开挖对周边环境的影响。

工况四与工况五的开挖顺序均为先开挖南侧基坑，后开挖北侧基坑，区别在于北侧基坑的开挖顺序不同。对比其位移曲线可知，围护结构变形在④、⑤号坑开挖完成后即达到了最大值，随着北区分坑的开挖，其位移值逐渐减小，南侧围护结构受北区基坑开挖影响较小，位移减小幅度小于北侧围护结构，表明土体卸载效应与距离密切相关。南侧基坑的开挖，使土体产生了大幅位移和应力变化，导致围护结构位移达到顶峰，随着北区基坑的开挖，土体经历了卸载效应，即土体应力逐渐减小，从而导致土体变形逐渐减小。

工况六更改了北侧基坑的开挖顺序，先开挖邻近地铁侧的①、②号坑，但其变形趋势与工况一几乎一致，表明在一定范围内，改变相邻基坑的开挖顺序对地铁车站围护结构最终变形并无影响，与前文的结论一致。

由以上分析可知，将大型基坑划分为多个小基坑的开挖方法可以有效降低其基坑开挖过程对地铁车站围护结构的不利影响，且其影响程度与一次性开挖的土方量和基坑距围护结构的距离密切相关，对于本书所依托实际工程，若仅考虑控制相邻地铁车站围护结构变形，应采用"工况一"的施工顺序，遵循"先小后大，先远后近，先浅后深"的开挖原则，以确保地铁交通系统的安全运营。

5.4.3　对盾构隧道的变形影响

(1) 计算结果

由计算结果可得在不同工况下，盾构隧道上、下行线不同阶段的最大位移如表 5-12 所示，不同工况下盾构隧道上、下行线不同阶段的最大位移示意图如图 5-44 所示。

表 5-12　盾构隧道上、下行线不同阶段的最大位移　　　单位：mm

工况	位置与结构	施工阶段							
		1	2	3	4	5	6	7	8
一	位置	③-1分区	③-2分区	③-3分区	③-4分区	②号坑	①号坑	④号坑	⑤号坑
	上行线	6.471	6.455	6.490	6.447	6.531	7.133	6.247	6.841
	下行线	5.876	5.881	5.851	5.852	5.801	5.676	6.751	7.729
二	位置	③-1分区	③-2分区	③-3分区	③-4分区	②号坑	①号坑	⑤号坑	④号坑
	上行线	6.471	6.455	6.490	6.447	6.531	7.133	6.676	6.329
	下行线	5.876	5.881	5.851	5.852	5.801	5.676	5.691	7.292

续表

工况	位置与结构	施工阶段							
		1	2	3	4	5	6	7	8
三	位置	③-1 分区	③-2 分区	③-3 分区	③-4 分区	②号坑	①号坑	④、⑤号坑	
	上行线	6.471	6.455	6.490	6.447	6.531	7.133	6.709	
	下行线	5.876	5.881	5.851	5.852	5.801	5.676	7.431	
四	位置	④号坑	⑤号坑	③-1 分区	③-2 分区	③-3 分区	③-4 分区	②号坑	①号坑
	上行线	5.009	7.036	7.856	7.863	7.870	7.871	7.882	7.965
	下行线	3.165	4.401	9.189	9.202	9.190	9.204	9.123	8.649
五	位置	④号坑	⑤号坑	②号坑	①号坑	③-1 分区	③-2 分区	③-3 分区	③-4 分区
	上行线	5.009	7.036	7.858	7.996	7.941	7.949	7.930	7.953
	下行线	3.165	4.401	9.241	8.994	8.758	8.765	8.727	8.672
六	位置	②号坑	①号坑	③-1 分区	③-2 分区	③-3 分区	③-4 分区	④号坑	⑤号坑
	上行线	6.045	6.329	6.649	6.643	6.719	6.776	6.263	6.857
	下行线	5.901	5.671	5.490	5.652	5.654	5.671	6.695	7.675

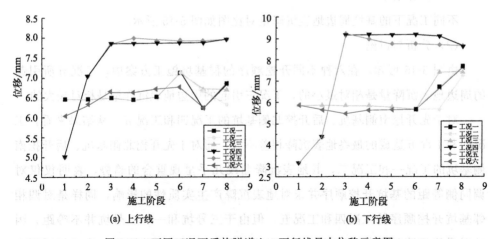

图 5-44　不同工况下盾构隧道上、下行线最大位移示意图

（2）分析与讨论

由图 5-44 可知，不同的基坑开挖顺序对盾构隧道最终位移的影响差别较大，但与地铁围护结构不同的是，盾构隧道的上、下行线之间的变形差距并不大，表明地铁围护结构变形对相邻群基坑开挖更为敏感。

对于工况四和工况五，在先开挖南侧基坑的情况下，盾构隧道的变形快速增大，两种工况下的盾构隧道最终位移接近，但在开挖北侧基坑时，对比两种工况的变形曲线可知，③号坑的土体卸载对隧道变形并无明显影响，而①号坑与②号坑开挖时，隧道产生了明显的位移变化，表明在一定距离外，基坑开挖对盾构隧道的位移几乎没有影响。

而剩余工况均先开挖北侧基坑，与地铁围护结构变形表现不同的是，工况三所采取的同时开挖④、⑤号坑的开挖策略，并没有加剧盾构隧道的变形，反而是先开挖④号坑、后开挖⑤号坑的工况一和工况六最终变形较大，先开挖⑤号坑、后开挖④号坑的工况二最终变形最小。

由以上分析可知，基坑开挖对盾构隧道的变形的影响程度要小于对地铁围护结构变形的影响程度，基坑距盾构隧道的距离是影响其变形程度的主控因素，对于本书所依托实际工程，若仅考虑控制相邻地铁车站盾构隧道变形，应采用"工况二"的施工顺序。

5.4.4 对周围地表沉降的影响

（1）计算结果

不同工况下的基坑周边地表沉降量对比图如图 5-45 所示。

（2）分析与讨论

由图 5-45 可知，在六种不同开挖顺序的群基坑施工方案中，工况五所引起的周边地表沉降量是相对最小的，工况三引起的周边地表沉降量是相对最大的。

对于先开挖南侧基坑、后开挖北侧基坑的工况四和工况五，从结果来看，工况四和工况五造成的最终地表沉降相差不大。而对于先开挖北侧基坑、后开挖南侧基坑的工况一和工况二，其地表沉降曲线几乎呈现重合的趋势，表明仅仅对调同侧等距的基坑开挖顺序并未对地表沉降产生实质性的影响，同样是对调相邻基坑开挖顺序的工况四和工况五，但由于三号坑和一、二号坑并不等距，因此对最终沉降结果仍造成了一定的影响，同样说明一定范围内，改变相同距离基坑的开挖顺序对地表沉降最终变形并无影响；工况三同时开挖南侧基坑导致地表最终沉降是所有工况中最大值，这表明单次土方卸载量会直接影响地表沉降。

由以上分析可知，地表沉降对群基坑的不同开挖顺序的变形响应规律与地铁围护结构具有一定的相似性，同样与一次性开挖的土方量和基坑距地表的距离密切相关，对于本书所依托实际工程，若仅考虑控制相邻地表沉降，应采用"工况五"的施工顺序。

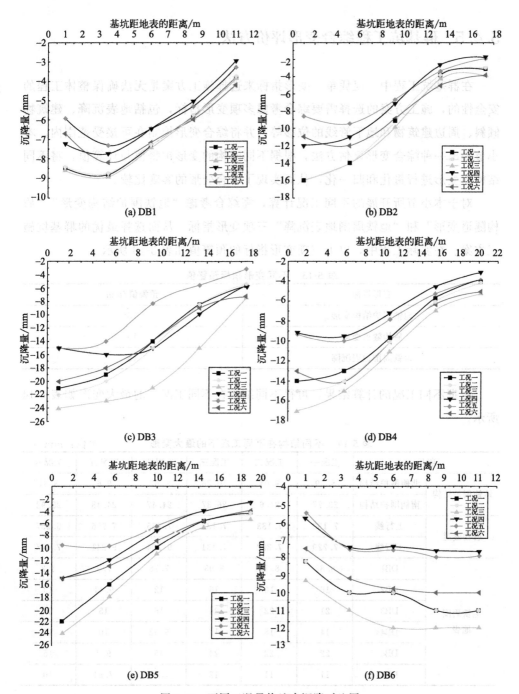

图 5-45　不同工况最终地表沉降对比图

5.4.5 群基坑工程综合变形评价方法

在群基坑工程中，仅凭单一变形指标来选择施工方案是无法确保整体工程的安全性的，施工方案的选择需要综合考虑多项变形指标，包括地表沉降、建筑物倾斜、周边建筑物和地下管线的位移等，并将综合变形控制在可接受范围内。本小节提出一种综合变形评估方法，根据不同结构的变形预警值与计算值，将不同结构的变形进行量化和归一化，从而实现了综合变形的客观比较。

对于本小节所开展的不同工况计算，需综合考虑"地铁围护结构变形""盾构隧道变形"和"地铁周围地表沉降"三项变形指标，从而选择最优的群基坑施工方案。在实际工程中，以上三项变形指标的预警值如表 5-13 所示。

表 5-13 不同变形指标预警值

变形指标	预警值/mm
地铁围护结构变形	15
盾构隧道变形	10
地铁周围地表沉降	15

根据不同工况的计算结果，可得不同结构在不同工况下的最大变形如表 5-14 所示。

表 5-14 不同结构在不同工况下的最大变形　　　　单位：mm

项目		工况一	工况二	工况三	工况四	工况五	工况六
地铁围护结构	北侧围护结构	8.59	9.04	10.26	9.62	9.6	8.81
	南侧围护结构	23.77	24.6	26.37	24.47	24.48	23.92
盾构隧道	上行线	7.133	7.133	7.133	7.965	7.996	6.857
	下行线	7.729	7.292	7.431	9.204	9.241	7.675
地铁周围地表	DB1	8.82	8.74	8.93	7.75	7.3	8.2
	DB2	16	16	16	12	9.41	12
	DB3	21	22	24	16	15	20
	DB4	14	15	17	9.52	10	14
	DB5	22	22	24	15	9.7	15
	DB6	11	11	12	7.66	7.94	10

可通过式(5-1)将不同结构的变形进行综合变形评估：

$$\gamma = \eta_1 \cdot \lambda_1 \cdot \frac{\alpha_1}{\beta_1} + \eta_2 \cdot \lambda_2 \cdot \frac{\alpha_2}{\beta_2} + \cdots + \eta_n \cdot \lambda_n \cdot \frac{\alpha_n}{\beta_n} \tag{5-1}$$

式中　η——计算权重；

　　　λ——平衡系数；

　　　α——计算变形值；

　　　β——监测预警值。

通过式(5-1)可得不同工况下的综合变形值如表 5-15 所示。

表 5-15　不同工况下的南北侧围护结构最大变形　　单位：mm

项目		工况一	工况二	工况三	工况四	工况五	工况六
地铁围护结构	北侧围护结构	0.086	0.090	0.103	0.096	0.096	0.088
	南侧围护结构	0.238	0.246	0.264	0.245	0.245	0.239
盾构隧道	上行线	0.178	0.178	0.178	0.199	0.200	0.171
	下行线	0.193	0.182	0.186	0.230	0.231	0.192
地铁周围地表	DB1	0.020	0.019	0.020	0.017	0.016	0.018
	DB2	0.036	0.036	0.036	0.027	0.021	0.027
	DB3	0.047	0.049	0.053	0.033	0.033	0.044
	DB4	0.031	0.033	0.038	0.021	0.022	0.031
	DB5	0.049	0.049	0.053	0.033	0.022	0.033
	DB6	0.024	0.024	0.027	0.017	0.018	0.022
综合变形		0.902	0.906	0.958	0.921	0.904	0.865

由表 5-15 可知，综合考虑"地铁围护结构变形""盾构隧道变形"和"地铁周围地表沉降"三项变形指标，进行量化和归一化客观比较后，工况六的开挖顺序对实际工程地铁及其周边环境影响最小，相比工况一的综合变形减小了约4%，因此对于本书所依托实际工程案例，建议采用"②号坑→①号坑→③号坑（③-1 分区→③-2 分区→③-3 分区→③-4 分区）→④号坑→⑤号坑"的开挖方案，该方案在基坑分坑方式上与原施工安排相同，且并未先行开挖风险较大的南侧基坑，因此在技术上是可行的。

5.4.6　本节小结

本节通过有限元软件 PLAXIS 3D 开展了多种不同开挖顺序工况的群基坑数值模拟，系统讨论了不同的群基坑开挖顺序对地铁车站围护变形的影响、对盾构隧道位移的影响以及对周围地表沉降的影响。得到的主要结论如下：

① 对于距地表沉降监测点或车站围护监测点相同距离的同侧基坑，其开挖

顺序的调整对最终结果并无重要影响。这意味着在一定距离范围内，不同的开挖顺序并不会显著改变地表沉降或围护结构的变形，这可能是相近的监测点受到相似的工程影响所致。

②　群基坑开挖顺序的变更之所以能够影响不同结构的变形，其主要影响因素在于"距离"的选取。这表明开挖顺序不仅取决于基坑位置，还受到与周围结构的距离影响，距离越近的结构受到的影响越大，因此在规划开挖顺序时应该综合考虑周围结构的位置关系。

③　对于一侧共用围护结构的双坑型群基坑，先开挖共用围护结构侧的基坑会导致地铁围护结构以及基坑围护结构的最终变形增大，但会减小地铁周围地表的沉降值，因此在实际中需要平衡围护结构变形和地表沉降。这表明在考虑开挖顺序时，不仅要关注围护结构的变形，还需要综合考虑地表沉降对周围环境的影响，以寻找平衡的解决方案。

④　本节提出的变形评价方法是根据监测的预警值和计算值，对不同结构的变形进行量化和归一化，实现了变形评分的客观比较。综合考虑围护结构的变形和地表的沉降，以权重的方式对变形评分进行综合，经计算新方案比原方案的综合变形减小了约 4%。这为工程师提供了一种客观、科学的方法来评估不同开挖方案的影响，有助于做出合理的决策，并确保工程的安全性和稳定性。

第6章

结论、不足与展望

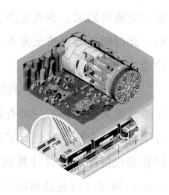

6.1 结论

在城市轨道交通蓬勃发展的当下，盾构隧道下穿高铁梁桥以及地铁周边群基坑开挖对既有车站运营的影响，成了保障城市交通网络安全与可持续发展的关键议题。本书通过文献阅读、室内土工试验、现场监测及数据整理分析、数值模拟计算等多种研究方法，对地铁工程施工及运行中周边环境安全性评价及保护措施这一课题进行了全面且深入的研究。所得到的主要结论如下。

① 本书给出的常州地区土层 HSS 模型参数与上海地区土层参数较为相似，同一土层的 $E_{50,ref}$ 与 $E_{oed,ref}$ 较为接近，而 $E_{ur,ref}$ 约为 $E_{oed,ref}$ 的 7 倍，表明常州地区的土层受土体卸载扰动会产生较大变形。

② 对比计算数据与监测数据发现本书给出的 HSS 模型适用于常州地区地铁工程的实际分析，该参数可供常州地区相似案例使用。

③ 结合现场监测数据，对隧道开挖引起的地表变形规律进行了总结分析，对监测数据的分析可以看出盾构隧道施工会对周围的地表造成扰动，并且盾构隧道施工引起的地表变形曲线符合 Peck 公式，呈沉降槽形状，最大沉降位于隧道中心线上方，大约 5.4mm；中心线两边，随着距离的增加，沉降值逐渐减小，甚至隆起。再以常州地铁 1 号线下穿试验段盾构隧道为例，建立了盾构隧道有限元模型，将 HSS 模型、M-C 模型、HS 模型计算结果与实际监测值进行了比较分析，结果表明，采用 HSS 模型模拟得到的地表沉降数据与监测值有更好的吻

合度，计算数据中的地表最大沉降值略大于监测值；除此之外还考察了监测断面中心点沉降随着盾构开挖的变化情况，根据变化结果可知盾构机尾穿过监测断面，完成衬砌后，该点沉降逐渐收敛，再随着盾构机向前推进，地表沉降变化很小，此时断面变形情况基本代表隧道穿过断面后的情况，今后监测中利用这一规律能为监测带来方便。

④ 基于 HSS 模型，利用软件 PLAXIS 3D 建立了常州轨道交通 1 号线下穿京沪高铁梁桥工程的三维有限元模型，在有无隔离桩的情况下对不同施工工况下桥梁墩顶的变形情况进行了研究，得到了高铁桥梁桥墩顺桥向、横桥向及垂直向位移变化情况。通过计算结果可知，在有隔离桩的情况下，各向位移值均小于 1mm，满足《高速铁路设计规范》（TB 10621—2014）标准；盾构开挖对铁路的运营安全影响可控，工程实施方案可行。同时也利用了有限元软件 PLAXIS 3D，研究了隔离桩参数对下穿高铁梁桥桥墩变形的影响，针对桩间距、桩径、桩长三个因素进行参数优化分析，确定了最佳参数组合为桩间距 1.7m，桩径为 0.8m，桩长 43.5m。

⑤ 针对盾构施工过程，收集相关的施工资料，结合理论分析和前文研究成果，提出了盾构施工建议参数：土仓压力 0.26～0.3MPa；掘进速度 2.0～2.5cm/min，匀速推进，每天推进 5～7 环；采用同步注浆方式，注浆压力 0.24～0.4MPa，每个行程（1.2m）注浆量控制在 3.74～4.99m³；在盾构隧道推进过程中，根据现场监测反馈的数据实时调整土仓压力、推进速度、出土速度、注浆压力、注浆速度及注浆量等盾构参数，尽量使盾构掘进达到最佳状态。

⑥ 对于"单侧与地铁共用围护结构的双坑型群基坑"，其开挖过程中周围土体或既有构筑物变形均表现出"叠加效应"，不同侧基坑的开挖会导致地铁结构产生 0.4%～27%变形幅度的增加，对比不同工况发现距离和土体开挖量与变形大小紧密相关，较近基坑土体的开挖会导致邻近构筑物产生较大变形，合理控制开挖距离与土体开挖量可以有效减小基坑工程对周围环境的影响。

⑦ 本书对"群基坑开挖顺序优化"问题的研究流程为：通过土工试验获取土层参数，利用有限元软件进行数值模拟计算，计算不同工况下基坑周围环境产生的综合变形，从而选择最优施工方案。本书通过以上方法得到的最优开挖方案将地铁结构变形值降低了约 4%，有效降低了群基坑工程施工对周围环境的影响。

6.2　不足

由于时间、课题本身以及作者自身水平限制，本书仍存在以下不足：

① 本书通过有限元软件模拟盾构开挖对地面以及桥墩的影响是在假设各土层为均匀和盾构过程中前进的路线为直线的前提下来分析的，这与实际工程存在一些出入，本书所建立的模型只是对实际工程的简化。

② 盾构模拟中②$_3$、⑦$_1$、⑦$_2$ 三层土因缺少 HSS 模型参数并没有用 HSS 模型，而是用了 M-C 模型来代替，这种方式虽然也能证明本书中的相关结论，但是所得的结果与每层土都用 HSS 模型所得的结果会存在轻微差异。

③ 采用正交试验法对隔离桩进行优化计算时，所选取的隔离桩参数大小都是在工程经验的基础上选取的，最后所确定的最优隔离桩参数方案，只是针对本书中的隔离桩参数方案来说的，并不一定是最佳方案。

④ 关于监测数据的补充：鉴于实际工程施工工期的影响，本书所获取的监测数据并不完整，无法与数值模拟计算的群基坑开挖过程变形结果进行完整对比，后续将南侧基坑的监测数据补充完整后，可以针对群基坑开挖对周围环境的影响规律进行更加精细的研究，有助于提高研究的可信度和准确性。

⑤ 关于有限元模型的完善：由于本书所依托的实际群基坑工程较为复杂，且本人对有限元软件掌握程度不够，过于复杂的模型会导致计算损耗时间过多，在建立有限元模型时进行了适当的简化。然而，简化的模型可能导致计算结果与实际情况存在一定的偏差。建议在之后的研究中，努力提高模型的真实性，以提高计算结果的准确性。

6.3　展望

尽管在盾构隧道下穿高铁梁桥以及地铁周边群基坑开挖对既有车站运营影响的研究方面取得了一定成果，但随着城市建设的不断推进以及工程环境的日益复杂，仍存在诸多需要进一步探索与研究的方向。

（1）技术层面

① 精细化模型构建：现有的数值模型在模拟土体复杂力学行为、盾构机与土体相互作用以及群基坑开挖多工况耦合等方面仍存在一定局限性。未来需进一步考虑土体的各向异性、流变特性以及小应变下的力学行为，研发更加精细化的数值模型，以提高对工程实际情况的模拟精度。

② 监测技术创新：目前的监测手段在监测精度、实时性以及监测范围等方面有待提升。应积极引入先进的监测技术，如分布式光纤传感技术、无人机监测技术以及三维激光扫描技术等，实现对工程结构和周边环境全方位、实时、高精度的监测，为风险评估与控制提供更可靠的数据支持。

③ 智能决策系统研发：结合大数据、人工智能、机器学习等先进技术，构建盾构隧道下穿高铁梁桥以及地铁周边群基坑开挖工程的智能决策系统。该系统能够根据实时监测到的数据，自动分析工程风险状态，快速制定并优化风险防控与保护措施，实现工程建设与运营的智能化管理。

（2）工程实践层面

① 复杂环境适应性研究：随着城市建设的发展，地铁工程将面临更加复杂的地质条件（如深厚软土、岩溶地区等）、周边环境（如紧邻历史建筑、重要地下管线等）以及施工条件（如狭小场地、近距离并行施工等）。未来需加强对复杂环境下工程技术的适应性研究，提出针对性的解决方案，确保工程安全、顺利实施。

② 全生命周期管理理念推广：将全生命周期管理理念贯穿于盾构隧道下穿高铁梁桥以及地铁周边群基坑开挖工程的规划、设计、施工、运营与维护全过程。从项目的初始阶段就充分考虑后续各阶段可能面临的问题与风险，实现工程全生命周期内的安全、经济与可持续发展。

③ 标准化与规范化建设：目前针对盾构隧道下穿高铁梁桥以及地铁周边群基坑开挖对既有车站运营的影响的相关技术标准与规范尚不完善。应加强行业内的交流与合作，结合大量工程实践经验，制定更加完善、统一的技术标准与规范，为工程建设提供有力的指导与约束。

（3）学科交叉层面

① 多学科融合深化：地铁工程涉及岩土工程、结构工程、交通工程、环境工程等多个学科领域。未来需进一步深化多学科之间的融合，从多学科角度综合分析工程问题，为解决复杂的地铁建设与运营安全问题提供更全面、更深入的理论支持与技术手段。

②　跨领域技术借鉴：积极借鉴其他领域的先进技术与理念，如航空航天领域的结构健康监测技术、水利工程领域的渗流控制技术等，为地铁工程的安全评估与防护技术发展注入新的活力。

总之，城市地铁建设与运营环境安全评估及防护关键技术的研究是一个持续发展的领域。希望本书的研究成果能够为相关工程实践提供有益的参考，同时也期待更多的学者与工程技术人员投身于该领域的研究，共同推动城市轨道交通事业的安全、可持续发展。

　② 跨领域技术借鉴：积极借鉴其他领域的先进技术与理念，如航空航天领域的结构健康监测技术、水利工程领域的渗流控制技术等，为地铁工程的安全评估与防护技术发展注入新的活力。

　总之，城市地铁建设与运营环境安全评估及防护关键技术的研究是一个持续发展的领域。希望本书的研究成果能够为相关工程实践提供有益的参考，同时也期待更多的学者与工程技术人员投身于该领域的研究，共同推动城市轨道交通事业的安全、可持续发展。

参考文献

[1] Loganathan N, Poulos H, Xu K. Ground and Pile-group Responses Due to Tunneling [J]. Soils and Foundations, 2001, 41 (1): 57-67.

[2] 姜忻良, 赵志民. 镜像法在隧道施工土体位移计算中的应用 [J]. 哈尔滨工业大学学报, 2005 (06): 801-803.

[3] 施成华, 彭立敏, 刘宝琛. 盾构法施工隧道纵向地层移动与变形预计 [J]. 岩土工程学报, 2003 (05): 585-589.

[4] 庞小朝, 刘国楠, 陈湘生. 考虑土结构性损伤的小应变模型 [J]. 西北地震学报, 2011, 33 (S1): 67-70.

[5] 王海波, 徐明, 宋二祥. 基于硬化土模型的小应变本构模型研究 [J]. 岩土力学, 2011, 32 (01): 39-43, 136.

[6] 张培森, 施建勇, 颜伟. 小应变条件下隧道开挖引起的横向沉降槽分析 [J]. 岩土力学, 2011, 32 (02): 411-416.

[7] 姜晓婷, 路平, 郑刚, 等. 天津软土地区盾构掘进对上方建筑物影响分析 [J]. 岩土力学, 2014, 35 (S2): 535-542.

[8] 费纬. 隔离桩在紧邻浅基础建筑的深基坑工程变形控制中的应用 [J]. 岩土工程学报, 2010, 32 (S1): 265-270.

[9] 纪新博, 赵文, 李慎刚, 等. 隔离桩在隧道侧穿邻近浅基建筑中的应用 [J]. 东北大学学报 (自然科学版), 2013, 34 (01): 135-139.

[10] 赵景阳, 杨双锁, 徐婧, 等. 盾构隧道近距离通过高层建筑物时隔离桩参数优化设计 [J]. 太原理工大学学报, 2017, 48 (01): 62-66.

[11] 张治国, 张孟喜, 王卫东. 基坑开挖对临近地铁隧道影响的两阶段分析方法 [J]. 岩土力学, 2011, 32 (07): 2085-2092.

[12] 散骞骞, 王长丹, 周瑜亮. 基坑开挖对邻近地铁隧道管片变形的影响规律 [J]. 城市轨道交通研究, 2022, 25 (08): 122-125, 131.

[13] 周雄, 汪磊, 张自强, 等. 非对称围护结构基坑开挖影响范围及其对既有狭长基坑的影响研究 [J]. 中国安全生产科学技术, 2024, 20 (12): 112-119.

[14] 周东波, 梅源, 刘子扬, 等. 东部沿海软土车站深基坑开挖地连墙变形规律 [J]. 重庆交通大学学报 (自然科学版), 2024, 43 (12): 41-46, 54.

[15] 周庙林. 群基坑对地铁深基坑影响研究 [J]. 中国安全生产科学技术, 2024, 20 (S1): 208-212.

[16] 冯仲文, 杨红坡, 温科伟. 紧邻基坑群坑开挖相互影响三维数值模拟 [J]. 地下空间与工程学报, 2024, 20 (S1): 283-289.

[17] 刘子涵, 王宏谦, 张凯, 等. 基坑群开挖引起邻近隧道附加应力研究 [J]. 地下空间与工程学报,

2024, 20 (04): 1298-1308, 1381.

[18] Surarak C, Likitlersuang S, Wanatowski D, et al. Stiffness and Strength Parameters for Hardening Soil Model of Soft and Stiff Bangkok Clays [J]. Soils and Foundations, 2012, 52 (4): 682-697.

[19] Javier C, Alberto L. Development of a New Advanced Elastoplastic Constitutive Model that Considers Soil Behavior at Small Strains. The EPHYSS Model [J]. International Journal for Numerical and Analytical Methods in Geomechanics, 2022, 46 (11): 1991-2032.

[20] Cudny M, Truty A. Refinement of the Hardening Soil Model within the Small Strain Range [J]. Acta Geotechnica, 2020, 15 (8): 2031-2051.

[21] Taesik K, Hoon Y J. Optimizing Material Parameters to Best Capture Deformation Responses in Supported Bottom-up Excavation: Field Monitoring and Inverse Analysis [J]. KSCE Journal of Civil Engineering, 2022, 26 (8): 3384-3401.

[22] Lu K, Yin J, Lo S. Modeling Small-strain Behavior of Hong Kong CDG and its Application to Finite-element Study of Basement-raft Footing [J]. International Journal of Geomechanics, 2018, 37 (5): 678-685.